爆買いを呼ぶおもてなし

中国人誘客への必須15の常識・非常識

まえがき

中国人観光客がよく宿泊するホテルでアルバイトをしている私のゼミ生が、ある日突然私に一連の質問を投げかけた。「なぜ中国人の声は、あんなに大きいのですか」「なぜ中国人は、朝食のバイキングでたくさん食べ残すのですか」「なぜ中国人は、日本でお土産をそんなにも大量に買うのですか」。ゼミ生の素朴な質問に対し、一瞬戸惑いながらも、精いっぱい答えるのがやっとだった。

しばらくして、ある大人数の飲み会の席で中国人観光客の話題が出て、ゼミ生の質問と同様の質問を立て続けに浴びせられることになった。納得してもらうため事例を交えてわかりやすく説明したつもりだったが、逆にさまざまな反論を受けてしまうことになった。残念なことに彼らは多少理解した素振りを見せるも、まだ納得していない様子であった。

その後、観光業界や小売業界の関係者にインタビューを試みた。観光立国を目指す日本にとって中国人観光客は大歓迎である一方、訪日中国人観光客のマナー問題に関する課題を多く抱えていることもわかった。とりわけ、中国人観光客の行動や振る舞いにカルチャーショックを受け、どうしても理解できないという答えが極めて多かった。

この結果を知り、私は大変驚いた。中国人観光客は中国社会では当たり前の習慣やライフスタイルをそのまま日本で再現したにすぎないのに、その行為は日本では異様な目で見られたり、反感やひんしゅくを買ったりする。

そして、私が初めて気づいたことは「一衣帯水」の隣国である日本と中国は、歴史的、文化的なつながりがかなり深い一方、双方の誤解も非常に多いということだ。日本人は中国人の国民性や習慣などについて知っているようで、実は意外と知らないことがあまりにも多い。距離的に近い存在である中国人は、日本人にとって実に理解しがたい存在となっているという現実がある。

そこで、私は訪日中国人観光客についての関連書籍を読み始めた。日本国内では、中国人観光客についての書籍が近年急増している。見てみると、観光業界向けの中国人観光客の対応方法や中国人観光客に関する調査報告書などが多かった。

しかし、中国人の国民性、観光の特性や消費行動の特徴に関するものは意外に少ない。特にそもそも中国人の国民性を形成する背景や要因に関する分析を行い、そこから提案するものはさらに少なかった。

この書は中国人の国民性、観光の特性や消費行動の特徴などを理解してもらうため、多くの事例を交えながらわかりやすく書いたものである。そして、多様化する訪日中国人の観光ニーズに応え、彼らの満足度を向上させる方法を考え、リピーターへとつなげる方法を探ってみることがこの書の狙いである。なお、本書における中国人は、あくまで中国本土にいる人と想定してほしい。

近年中国では、空前の海外旅行ブームである。そのブームを支えているのは、膨大な中間所得者層である。二〇一四年中国人の海外旅行者数は、すでに一億人を超えた。今年に入って、中国経済の減速や株式暴落を受けても、海外旅行に出かける人々が増え続けている。海外旅行の中心が日本となっており、日本製品に対する根強い信頼による爆買い行為が続いている。十月末の時点だけで訪日中国人観光客の数は前年の総数を上回り、前年同期比の二倍以上の四二八万人に達し、訪日外国人観光客のトップとなった。

中国人は世界中で派手な爆買いをしているため、「歩く財布」として世界中で最もお金を使う観光客となっている。その一方、彼らのマナー問題は度々世界中でひんしゅくを買っているにもかかわらず、世界中で中国人観光客向けの誘致策が確実に進んでいるという現実もある。

これから中国人観光客をいっそう日本に呼び込み、リピーターになってもらうために、彼らの国民性、ライフスタイル、消費行動の特徴といった、もっとも基本的な要素を深く理解することが必要不可欠である。また、訪日中国人観光客の観光行動の特徴からその国民性やマナー問題を理解し、具体的な対策を練り、ワンランク上のおもてなしを実施することがさらに重要となる。

そして、訪日中国人観光客の増加により、中国人は自分の目で、自らの体験を通して、日本に対する認識を深めることができる。その結果、リピーターが増加すれば日本の文化や慣習などをより理解できるようになり、彼らのマナーも徐々に向上していくことが期待できる。

日本人は中国人観光客を受け入れたという経験から、中国人の国民性や嗜好などを深く理解し、中国人観光客をもてなす際に直面するさまざまな課題も少しずつ解決していくはずだ。個性的で、自己主張が強く、なかなか扱いづらい中国人観光客にも満足をしてもらい、リピーターをたくさん生み出すことができるならば、他の国々の観光客をもてなすための手本にもなり得るだろう。

中国人観光客を受け入れたい、あるいは受け入れた以上、一定の覚悟が必要である。「あせらず、あわてず、あきらめず」の気持ちで訪日中国人観光客との出会いをプラス思考で考え、一緒により良い思い出づくりにチャレンジしよう。

これからも訪日中国人観光客をさらに誘致し、民間レベルの活発な観光交流をすることにより、中日国民の相互理解が一層深まるはずだ。こうして、双方の誤解が少なくなり、未来に向けて日中友好がより発展することを祈念したい。

本書の執筆に際し、静岡産業大学の教職員の皆さんをはじめとして、大勢の方々にご協力をいただいた。ご多忙の中、インタビューの手配をしてくださった方々、また長時間のインタビュー、煩雑なアンケートに丁寧に答えていただいた方々に、深く御礼を申し上げる。また、本書の企画・執筆で大変お世話になった静岡新聞社、並びに編集局出版部の森太眞子氏にも感謝を申し上げたい。

もくじ

第1章　気になるマナー

1　中国人は声が大きい

声の出し方、声量の大きさ、しゃべり方は十人十色である。小さい声で話されるより大きな声で話してくれた方がわかりやすいが、度を越した大声は聞く方にとって感覚的に「うるさい雑音」と感じてしまう。なぜ中国人は声が大きく、うるさいと感じられてしまうのか。その理由を探ってみよう。

・中国語の発音

中国語の発音は、ピンイン（拼音）というローマ字を使った記号で表現される。その読み方は、他のどの言語よりも難しいと言われている。日本語は五〇音しかないが、中国語はなんと四〇五個の発音があり、それに加え、四声という声調の組み合わせで構成される。そして、発音には無気音と有気音があり、有気音は一般会話のなかで頻繁に使用され、強く発音されるので、うるさく感じられる。

また、中国語は呼吸をできるだけ深くして、声に深い響きを持たせることで自然な発音へとつながるので、これも中国人の声がよく響き、うるさく感じられる要因である。さらに、大きな声で大げさな手ぶり身ぶりで会話をすることから、けんかのように見られる。このように、中国語のリズム、アクセント、有気音、頻繁に音程が上下するといった独自の発音法により、抑揚がなく一本調子に聞こえる日本語と比べると、中国語はうるさく聞こえてしまう。

しかし、同じく中国語を公用語として使っている台湾人は、中国本土の人々と比べるとうるさいとは言われないようだ。なぜなのか。それは、言語と教育の違いによるものである。

台湾語はタイ語系言語などの影響を受け、中国福建省の方言の一つ閩南（びんなん）語がベースで、日本語を中心とする外来語が語彙に多く入ってくる。また、台湾語は漢字、発音、語彙、語順、文法、言い回しなどが中国語と大きく異なる。特に発音のイントネーションや言い回しが、かなり異なる。台湾人の中国語は、日本語で言えば京都弁のようにやわらかいという特徴があるため、あまりうるさく感じさせない。もっとも、台湾人は公衆の場所で大きな声を出すことはマナー違反だと教育され、自覚する人が多いこともうるさく感じさせない理由かもしれない。

・食事のスタイル

食事のスタイルも、声の大きさと関連している。中国では、農作物関連の祭りや冠婚葬祭などの行事には、だいたい集落や村の地元住民全員が参加することが多かった。大人数で同時に会食するため、円卓での食事スタイルが定着した。そして、円卓ごとに一〇人から一二人で座るのが一般的で、一〇人前後で座るテーブルでは、直線距離がかなり離れており、料理を取りやすくするために、回転テーブルも使われるようになった。

食事も満足に食べられない貧しい時代が長く、祭りや冠婚葬祭などでの会食はめったに食べられないごちそうであり、久しぶりに登場するおいしい料理を食べると気分も高揚し、会話も弾み、ついつい声も大きくなる。また、自分の言っていることを席が離れている人たちに聞かせるため、自然に大きな声でしゃべり出す。さらに、大人数の会食ではテーブルごとに大きな声で会話を楽しんでいるため、会場は声であふれ返っており、いっそう大きな声で叫ぶようになっていく。

・酒文化

声を大きく張り上げるもう一つの要因は、お酒である。中国人はお酒を好む国民で、お酒のアルコール度数が基本的に高く、特に寒い地域ではアルコール度数の高いものが歓迎される。長い歴史のなかで、庶民の生活はゆとりがなく過酷そのもので、楽しいこともあまりなかった。農耕社会での生産性も低く、厳しい自然環境と闘いながら長時間労働を強いられた祖先たちにとって、お酒は現実から逃れるために欠かせない存在となった。

祭りの時、親戚や仲間と会食し、お酒を飲みながら大きな声で楽しむことが、精神的な癒やしであり、ストレスの発散でもある。そこで、大量のお酒を飲めば、いっそう陽気になり、ジョークを飛ばしたり、お酒の罰ゲームをやったりして、声がさらに大きくなった。

また、中国人はお酒に関して基本的に寛容な考え方をもっている。そのため、子どもでもお酒の味を知っている人は大勢いる。お酒を飲む大人を真似て、幼児がお酒をねだっても叱る大人はまずいない。逆に面白がって、遊び半分で飲ませる。

しかも中国では、未成年者の飲酒、購入、販売、提供に関する規制は、今も昔も設けられておらず、未成年者でも簡単にお酒を買えるし、飲める。飲酒人口の低年齢化、膨大な飲酒人口を背景に、もともと陽気な国民性も加わって、声の大きい中国人を形成したとも考えられる。

・教育

中国の伝統的な道徳観のなかで、声に対する事項はほとんどない。しかし、歴史上の英雄に対する賛美として、声に関するものが多い。例えば『三国志演義』では、主要な登場人物である張飛、関羽は大きな声の持ち主とされる。大きな声は威信・威厳やリーダーシップを連想させ、武将や英雄を描写する際に欠かせない要素となっている。

そして、歴史上、大きな声でしゃべる人が、賛美、推奨されてきた。それは、子どもの人格形成や教育にも影響を与えてきた。子どもは、家庭では「大きな声で、はっきりとしゃべるように」と教えられ、学校の教育でも「大きい声であいさつし、大きい声で答え、質問し、大きな声で読み上げ、大きい声で歌いましょう」と教育される。また、授業中に大きい声で答える生徒は先生に褒められ、小さな声で答える生徒は叱られる。

大きな声でしゃべる人は、陽気で性格がよいとされ、小さな声でこそこそしゃべる人は、陰気で性格がよくないと判断されてしまう。評価されたい、人に好かれたい一心も加わり、モノごとをはっきり言い、自己表現が大好きで、自分の考え方を強く主張する人々がどんどん増える。そのため、ほとんどの中国人は、大きな声でしゃべることが当たり前だと思い込み、公衆の場所でも平気で大声で会話する人々が極めて多いのだ。

さらに、家庭でもほとんどの親が「自己主張をしろ」と教育する。一三億以上の人口のなかでは、生存競争が日本よりもずっと激しく、生きていくためには強い自己主張が欠かせない。自己主張の表現手段の一つとして、声を大きくし、せめて声だけでも相手を圧倒したいと考えてしまう。自己主張や議論をする際には、議題に合わせて論理的に弁論するよりも、相手より声が大きければ、自分の勝ちと思い込む。しかも、失敗者を軽蔑し、成功者を偉いとする価値観をもとに、自ら進んで大きな声で主張しながら、自分の存在を周囲にアピールし、認めさせることが重要なのである。

・音に鈍感

中国人は日本人と比べると、音に対する感覚が鈍く、鈍感と言えよう。生まれてから周りの環境は音であふれており、最初に接する親族たちが大きな声で話し、大きな声で教えるので、必然的に違和感なく大きな声でしゃべり出す。

また、家から一歩外に出ると、団地の空き地や公園などの公衆の場で大はしゃぎする子ども、大音量でダンスを踊る中高齢者、バスや電車の車内でも平気で大きな声で電話し、けんかする人々、商店や飲食店で誘客するために大音量で流れている音楽、市内では禁止されているはずの車のクラクションといった大音量の生活に囲まれながら生きている。

それらのうるさい環境で会話したい時は、大きな声でないと相手に届かない。知らず知らずのうちに、それらのうるさい生活音が当たり前だと感じるようになっている。

私も、来日するまで音に対する感覚が非常に鈍感であったが、飛行機から降りて日本の空港に立った途端、まずその静けさ、空港スタッフの笑顔を交えた小さな声での応対に驚いた。その後、在日の年月が長くなり、日本の慣習や文化に洗脳されたのか、日本語でしゃべるときの声はだんだんと小さくなっている。

しかし、悪いくせなのか性格なのか、日本語で話す時と、中国語で話す時では、声の調子、トーン、大きさも不思議と自然に変わる。同じ内容を話していたとしても、中国語ではなぜか自然に大きな声を出し、身振り手振りをして、怒り出したかのように聞こえてしまう。しかし、日本語でしゃべり出した途端、声が急に小さくなり、若干穏やかに聞こえると、友人たちに指摘されてきた。

「三つ子の魂百まで」のことわざのように、幼少期に形成された習慣や性格は、何歳になっても根底は変わらない。それが、在日中国人グループと食事をする度に何度も再現されている。大きな声でしゃべるし、一緒に大きな声で笑うし、まるで中国の市場にいるようで、とにかく始終うるさい。そのため、日本人の冷たい、嫌そうな目線をできる限り避けたい一心で、三人以上の中国人食事会を予約する時、必ずうるさいグループである旨を店側に伝え、個室か奥のスペースを用意するようにしてもらっている。

おもてなしポイント

・時間帯をずらす

団体ツアーの中国人は、食事中特にうるさい。その対策としては、できれば中国人専用の食事場所を用意することである。もし、専用の個室を用意できない場合は、他のお客さんとの食事時間をずらして対処することも効果的である。また、食事の時間をずらせない時には、中国人観光客専用スペースを用意し、その周りを仕切り板やふすまなどで囲めば、遮音効果もあり、あまり見えないので、若干気にならなくなるかと考えられる。

たとえガイドが注意して小さな声でおしゃべりしましょうと言っても、しゃべり出すと興奮し声もだんだん大きくなる。基本的に小さな声でしゃべれない中国人は、注意されてもすぐ忘れてしまう。残念ではあるが、この点については、日本人は慣れるしか方法がない。

・電車内でのマナー啓発

新幹線や電車内の騒音を減らす方策として、いくつか考えられる。一つは、時間帯運賃割引制度の導入である。平日の乗車率が低い時間帯に運賃割引を設定し、それらの時間帯に中国人の乗客を積極的に誘導する。

二つ目は、車両内に乗車マナー関連の多言語表記のポスターを掲示すること。例えば、携帯電話の禁止、トランプの禁止、会話音量の配慮、子どもを車内で走らせないなどの注意事項を写真や絵で表現し、啓発的な教育活動を行う。

三つ目は、車掌が車内を頻繁に巡回し、違反者にガイドや引率者から注意してもらったり、あるいは中国語の指差しの対話カードや絵を見せ、注意し、協力してもらう。

四つ目は、中国人専用車両にする。グループ行動を好む中国人は、移動の車内でもグループで大きな声でおしゃべりしたり、トランプをしたり、車内の座席間を移動しながら知らない人にも声をかけて友だちを作ったりする。旅行＝楽しむこと、楽しむこと＝コミュニケーション、コミュニケーション＝友だちとの交流、交流＝大きな声で会話すること、という発想のゆえ、静かにさせるのは不可能に近い。

・中国語を話せるスタッフを配置

ショッピングでも、中国人観光客はうるさい。ニセモノの心配もなく、安心・安全かつ高品質な品物、丁寧なサービス、円安で割高感が薄くなった日本の商品を見ると、お財布のひもも緩み、ハイテンションになり、ついつい大きな声を出してしまう。ここで静かにさせるのは、至難の業といえよう。対策はかなり難しく、中国語を話せるスタッフを多めに配置したり、中国語で店内の注意事項を放送したり、免税手続きの説明手順図を中国人来店客に配布したりすることで、効果が期待できるかもしれない。

博物館、美術館、神社、教会など静かにするべき場所でも、構わず大声で話し、騒ぐ。その対策としては、中国語の利用案内の注意事項を来訪者に配り、中国語が話せるスタッフを配置することが重要である。留学生のアルバイトを雇い、日本人よりも言葉が通じる中国人から観光客に協力や注意してもらう方が、中国人の面子や自尊心を傷つけずに済む。これで、トラブルを素早く解決することが望めるだろう。

2 中国人は時間にルーズ

ホテルからの出発時間、高速道路のサービスエリアや観光地、買い物などでの集合時間をなかなか守らない訪日中国人観光客。彼らのルーズな時間感覚は旅行会社のガイド、バスの運転手、レストランのスタッフにとって、大きな悩みの種の一つとなっている。多くの中国人はなぜ時間を守らないのか。その背景を探ってみよう。

・時間にルーズな国民性

時間に対する感覚を国際的に比較した場合、日本人は正確な時間で行動し、時間を厳密に守ると言われている。ほとんどの日本人は時間にシビアで、特に「遅刻をしない」ことは、小さい時からの教育の成果によって自然に身につけている習慣である。

それは、日本の社会では「時間を守らない人は信用が低い」という固定観念があるからと言える。そのため、日本人の間では、仕事でもプライベートでも、他人と約束した時間を厳密に守るという習慣が定着している。信用を失いたくない意識が働くことで、もし約束に遅れそうになると、必ず相手に連絡を入れておわびをする。

時間を厳密に守る日本人とは対照的に、中国人は時間にルーズである。島国の日本とは異なり、中国人は基本的に自由奔放でおおらか、細かいところをあまり気にせず、かなり適当で、大ざっぱである。例えば、日本料理ではよく醤油大さじ一杯、塩三グラム、砂糖一グラムなどと計量し、正確な数字を使う。一方、中華料理では、醤油適量に、塩少々、砂糖少しなどと言い、昔から概数をよく使う。

国民性と関係しているのか、中国人は基本的に時間観念が希薄で、待ち合わせ場所に時間通りに行く人は極めて少ない。日本人のように約束時間の五分前に行動するといったようなことはなく、遅刻しそうになるからといって事前に電話する人ももちろん少ないし、しかも一五分ぐらい遅れても別に謝ることもない。そして、もし行けなかった時には、後から何か適当な理由を言えば済むし、それがたとえ見えすいた言い訳や嘘でも、あまり問題にならない。肝心なのは、来なかった理由があるということを伝えられるかどうかだ。

・計画性に乏しい

時間にルーズなのは、計画性に乏しいこととも深く関係している。日本の社会は、何事も厳格に計画する考え方のもとで形成されている。日本人の計画性は、学校でも教育されている。学校で使用されるさまざまな計画表が、子どもたちの計画を立てる習慣を培っている。

例えば、教育課程表や学期ごとの活動計画、さらに給食の献立表や修学旅行の計画など、さまざまなことが計画・予定として予め決まっている。そして、社会人になったら、ほとんどの人は手帳を持ち、日々のスケジュールの管理を行っている。

ことごとに計画性があり、その計画に基づいて行動する日本人とは対照的に、中国人は、基本的に計画性に乏しい。学校の教育では、日本のように計画を立てる教育習慣はほとんどない。社会人になっても、日々のスケジュールをしっかり管理する人間は極めて少ない。日本でいう「手帳」という商品は、中国ではあまり販売されていない。たとえ計画があっても、それは大ざっぱなもので、一貫した予定やタイムスケジュールもなく、その場その場の成り行きに任せるのが中国人の特徴と言えよう。

私の感覚からいえば、日本人は時間の計画的なアレンジを非常に重視するのに対し、中国人は臨機応変の能力を持っている。細かくきっちり決まっていないと不安な日本人と、ざっくりとしか決まっていなくても気にしない中国人の違いは、島国の国民性と大陸の国民性の違いかもしれない。

日本人の「計画性」と中国人の「柔軟性」に、それぞれメリットとデメリットがあり、前者は秩序に優れ、突発的なトラブルに弱い。後者はルールに欠けるが、調整能力に優れている。中国人の「柔軟性」は、予定を立てにくくし、時間的なロスを多く引き起こし、効率を引き下げる結果となっている。

・定時運行率が低い交通機関

時間にルーズなことは、公共交通機関の運営にも影響を及ぼしている。日本では、国内便や国際便の飛行機、新幹線や鉄道、船やバスなどのあらゆる公共交通機関が、定められた時刻表通りに運行されている。バスや電車の定時運行率も高く、新幹線の到着時刻や出発時刻は一五秒単位で設定されている。しかも、鉄道では、電車の到着が一分でも遅れると、車内放送でおわびのアナウンスが必ず流れるほどである。

しかし、中国人は時間に対して寛容であるため、公共交通機関が時間通りに運行されないことに慣れている。公共交通機関が定時運行されるのはまれで、電車が三〇分遅れることも日常茶飯事。バスや電車に時刻表がない場所も多くある。しかも、飛行機の定時運行率は世界最低のレベルである。

二〇一五年三月二一日付の香港「南華早報（電子版）」が、世界の運航関連情報を提供する米フライトスタッツ社のウェブサイトの調査結果を報じた。調査によると、世界の主な六一空港のうち、定時運航率ワースト七までが中国の空港であった。ワーストスリーは、上海虹橋空港、上海浦東空港、杭州蕭山空港で、それぞれの定時運航率は、わずか三七・一七％、三七・二六％、三七・七四％であった。一方、ベストワンに輝いたのは日本の羽田空港で、定時運航率は八九・七六％であった。

もちろん、日中両国の国土の面積、人口、経済の発展段階がかなり異なるため、単純な比較はできない。しかし、中国の航空会社の極めて低い定時運航率が、いくら時間に寛容な中国人でも我慢できず、乗客とのトラブルを頻繁に引き起こしている。

・誠信危機

約束を守らず、時間の観念が希薄で、計画性が乏しいことは、近年中国社会に蔓延する「誠信（チォン シン／誠実および信用を守ること）危機」とも関係しているようだ。誠実は信用のもとであり、信用を支えるのはウソをつかないことや裏切らないことである。例えば、集合時間や契約事項などの約束を必ず守る。それらを積み重ねることで、初めて他人から信用を勝ち取ることができるのだ。

中国人の「誠信危機」問題は、経済発展の進展と共に日々深刻化しているようだ。その「誠信危機」は、中国の市場経済化の産物としての拝金主義の蔓延と大きく関連している。

中国語で「向前看（シィアン チィエン カン）」というと、ものごとを前向きに見るという意味である。一字変えて「向銭看」と書けば、お金を見るという意味になる。発音がまったく同じなので、この二つを並べて「お金に執着することこそが前向きである」と中国社会を揶揄する言葉になる。

「金こそすべて」という拝金主義が蔓延する社会では、自分さえ儲かればいいという発想の下で、製造者はコストを削減するためにどんどん材質を落とし、農家は自分では決して食べない農薬まみれの作物を作る。さらに加工業者は腐った肉でも混ぜて食品を作り、レストランは下水道から取ったと知っている安価な油を使い続けている。

また、交通事故で倒れた人を助けた人が逆に訴えられる事件が頻発しており、怖くて誰も助けることができない。そのため、救助さえすれば命を落とさずに済む悲惨な事故が繰り返されている。さらに、病院は救急患者が運ばれても、まず確認するのは患者が治療費を支払う能力があるかどうかである。

おもてなしポイント

・罰金ルールの導入

拝金主義者で自己中心的な人間は、自己主張が強く、不利益を被ることに極めて敏感である。その対策としては、信賞必罰の仕組みを導入することである。参考になるのは、徹底した成果主義管理を導入し、明確な処罰制度を設けたハイアール（中国最大手の家電メーカー）の事例である。張瑞敏社長（現ＣＥＯ）が着任した当時、ほとんどの従業員は出勤時間を守らず、平気で二、三時間も遅刻していた。そこで、他の企業に先駆け罰金制度を設けたことで、遅刻者が一気に減った。

その後、同社の処罰制度を見本に多くの企業が導入し、成果を挙げているようだ。現在では、外資企業や私営企業が労務人事管理に対して、日本よりも細かく、容赦ない厳しい処罰条項を設けており、お金を取られたくない従業員の遅刻は格段に少なくなった。

この事例からもわかるように、口頭注意だけでは中国人にはほとんど効果がなく、利益を侵害される恐れがある罰則ルールを設ければ、成果が顕著に表れると言えよう。一方、罰金として取られる心配がない場合には、相変わらず、中国人は時間に対して大らかである。

・時間を知らせるお知らせアプリ

時間にルーズな中国人は、日本に来たからといって、急に時間に関する考えががらりと変わることは当然あり得ない。しかし、国内旅行や海外旅行の経験者が少しずつ増えてきているため、ガイドの腕次第で、予定通りに日程をこなすことが増えているようだ。例えば、日本人の時間意識や旅行運営のシステムを事前に説明し、時間厳守の重要性や遅刻による弊害も強調する。そして、いかなる理由があっても絶対に待たず、時間通りに出発する強い意志を観光客に周知する。また、もし遅刻した場合には、自己責任で自費で移動するルールを徹底的に叩き込む工夫も必要不可欠である。

集合時刻に遅れるだけではなく、飛行機にも乗り遅れる。チェックインをして、出国審査も済ませ、搭乗を待つ間も免税品の購入に夢中になり、搭乗時間を忘れてしまう。しかも、場内の名前の呼び出しのアナウンスにも気づかない人が非常に多い。

その対策としては、一人一人の乗客に「お知らせアラーム」を持たせることである。日本では、一般的にショッピングセンターなどのフードコートで料理を注文すると、小型の「呼び出しアラーム」を渡されることがよくあり、アラームとバイブレーションで料理ができあがったことを知らせてくれる。その仕組みを取り入れることである。

「呼び出しアラーム」よりも便利なツールとして、スマートフォンのお知らせアプリを導入することである。そのアプリはアラームを鳴らせるだけではなく、待たされた乗客の怒り度合いを表すキャラクターも登場させ、リアルタイムで遅刻した時間も携帯の画面に表示させ、搭乗を促すものである。また、定時に搭乗した乗客に対して、人気の高い非売品の商品を記念品としてプレゼントし、遅刻者には絶対に渡さないという対策も少し効果があるだろう。

さらに、定時出発の規則を実施することである。日本では、近年多くのＬＣＣ（格安航空会社）が乗り入れている。ＬＣＣは、低価格を維持するために、極力コストを削減し、飛行機のピストン輸送をしており、空港の滞在時間には極めてシビアである。例えば、大手航空会社では出発の一五分前まで搭乗できるが、ＬＣＣでは三〇分前搭乗が原則で、しかも定刻になった時点で搭乗客が揃わなくても、容赦なく飛び立っていく。中国でも頻発する乗客の搭乗遅れに悩まされ、一部の航空会社は、すでにＬＣＣと同じような対策を実施している。

3 中国人は並ばない

中国人は並ぶことが大の苦手で、ちゃんと並んだ列に後から来た人が割り込んでくることは日常茶飯事だ。銀行のＡＴＭ、バス、電車、レストラン、トイレなど、いたるところで秩序を守り列に並ぶという習慣があまりない。中国人は一体なぜ並ぶ習慣がなく、平気で列に割り込むのか。

・競争社会

競争心が強くてせっかちな性格をもつ中国人は、驚くほど多い。生活のあらゆる場面で、トラブルを引き起こしている。例えば、地下鉄では、電車待ちの際にも列に並ばず、電車が着くと、乗客が降りるのを待たないで乗り込む。そのため、特に通勤と帰宅ラッシュ時は、地下鉄のホームはいつも大混雑し、けがをしたり、けんかをしたりする乗客が絶えない。

車を運転するときも、自分の走っている車線が混んでいると判断すれば、平気でわれ先にハンドルを切り、車線を急に変更してしまう。無理やり車線に割り込む運転手が多いことも加わって、交通事故死亡率はいつも世界トップレベルである。

列に割り込む人は、基本的に図々しい人である。自分にとって損得をいちいち勘定し、少しの損も絶対に被りたくないし、ちょっとでも得したい。その一心でとった行動かと思う。図々しい人は日本にも大勢いるが、中国人の図々しさとは比べ物にならない。それは生存環境や競争の激しさと関連しているようだ。

中国の長い歴史を見ても、平和な時代よりも戦争の時代が長く、国家統一の時代よりも分裂の時代が長く続いたため、庶民の生活は厳しさを強いられており、安全性や安心感に欠けていた。しかも人口が莫大であり、激しい競争環境のなかで生き抜くためには、行動に移すことが重要だと考えられてきた。

あまり心に余裕がないので、ものごとに関係なく、目の前の小さな損得も勘定し、少しでも他人よりも先へ先へと行こうとする。もらえるものや便益をとりあえず手に入れようという発想が、中国人の心に染みついてしまったのだ。結局、われ先にと行動した人間だけが得をして、きちんと順番を待つ人間は損をする社会になってしまった。

・コネ社会

日本でもコネ入社、コネ出世に対して批判的な声が多く聞かれる。中国は基本的にコネを重視し、コネや権力を使うのは当たり前と認識され、地縁血縁者などによる紹介が非常にモノをいう社会である。中国では教育や医療、介護など、何をするにも誰かに便宜を図ってもらう必要があるし、人に頼まないと話が進まない。コネがなければ生きにくい社会となり、コネを作るためには、知り合いを頼りにわずかな利益のためでも賄賂を贈る。

コネさえあれば、出国審査、病院、銀行、役所などの順番待ちの列に並ぶ必要がなく、知り合いの人に連れられ先頭に割り込むことが、いつでもできるのだ。すなわち、コネや権力さえあれば、並ぶことがなくてもいつでも列の先頭に立ち、後に来ても用を先に済ませることができる。

いつも割り込まれるので、まじめにルールを守ることがばからしく感じる。そこで、コネも権力もない一部の一般庶民は、自分の力で割り込もうという行動に移ってしまう。そして、一度秩序の乱れた列は、おとなしく並んでいる人間の怒りを招き、さらに混乱し、割り込む人間がいっそう増えていく。

・教育

列に並ばないことは、家庭教育と学校教育にも一因がある。よく知られているように、中国では一九七九年から一人っ子政策（人口規制政策）が実施された。この政策の実施により、約四億人の出生が抑制され、資源環境への負荷を大幅に緩和するというプラス効果をもたらした。その一方、ワガママで、自己中心的で、独立心に欠ける傾向のある「小皇帝（シァオ フゥアン ディ）」「小公主（シァオ ゴン ヂュ）」を多く生み出した。

彼らは、家庭では、両親や祖父母によって過保護に育てられ、自分の好きな物を集め、自分がそれらを与えられる特別な存在だということをごく自然に受け入れている。そのため、多くの人は忍耐力、協調性、思いやりに欠ける。自分だけが特別な存在だと勘違いし、列に並びたくないし、割り込むことを恥ずかしいと感じない人間が多い。

学校生活では、小学校から大学までの間、子どもたちは試験や進学づけの毎日に追われ、道徳や社会のルールやマナーといった人格形成に関する教育が軽視されてきた。教師や父母たちは、子どもの成長よりも成績だけに関心をもち、試験の成績さえよければ大変喜ぶし、ワガママだろうが、マナーが悪かろうがあまり気にしないのだ。

そのため、我慢する習慣があまりないので、列に並ぶことを極端に嫌がる傾向がよくみられる。また、自分のことを棚上げし、割り込む人間にすぐ腹を立て、けんかへ発展することも多々ある。

・ルールに従いたくない

マニュアルに忠実に従う日本人とは正反対で、中国人は基本的にマニュアルに忠実に従うことが大の苦手である。例えば、炊飯器でご飯を炊くという単純な作業でも、マニュアル通りにやっている人間が少ない。計量カップ目一杯にお米を入れてから、内釜の決められた水のラインまで水をピッタリと入れることも忠実にやらず、自己流や勘でやってしまう人間が非常に多い。

管理されること、ルールに従うことを嫌がる人間も大勢いる。そのため、小さなルールから条例や法律に至るまでさまざまな決まりがあるにしても、権力さえあれば特例や独自の解釈により、それらのルールを簡単に変えることができ、破ってしてしまう。ルールに忠実に従う人間が、ばかに見られるという社会的な風潮により、またルールに従いたくないという心理を受けて、列を作り、順番に列に並ぶことを苦痛と感じるのだろう。

おもてなしポイント

・ガイドによる注意喚起

香港ディズニーランドは、来園者の約五〇%を占める中国本土からの観光客の常識外れの行動に、悩まされているようだ。ホームページには「パークご利用上のルール」として、ゲストに対して七つの項目のルールを設けている。マナーに関するものは四つもあり、そのなかに行列の並び方についての項目も含まれている。

具体的には「アトラクション、ショー、キャラクターやパレードをお待ちの間は、パークの他のゲストを尊重いただき、他のゲストの迷惑とならないようご配慮下さい。列にお並びの際は、割り込んだり、他の方を押したりしないようお願い致します。また、グループ全員そろってお待ち下さい。先に列に並んでいるお仲間に後から合流するようなことはご遠慮下さい」と書かれている。

香港ディズニーランドの例は、訪日中国人観光客への注意喚起にとても参考になる。しかし、列に並ばず、列に割り込むことは、小さなルール違反であり、大したことではないと考える人間を、短期間で、素直にルールを守れるようにすることは不可能に近い。

まず、大事なのは、ガイドの役割である。例えば、列に並ぶことが当たり前で、割り込みはマナー違反、日本では非常に恥ずかしい行為になり、割り込む人間が軽蔑されるといったことをガイドの丁寧かつ繰り返しの説明により、注意喚起をしてもらい、郷に入れば郷に従えとの自覚をもってもらう。

・割り込む隙を与えない

もちろん注意喚起だけでは不十分で、具体的な対策も講じるべきである。例えば新幹線乗り場の列のように、ラインを床にしっかりと描き、並ぶ意識を強く植えつけさせることである。また、日本の空港でよく見かけるパーテイションポールなど、並ばざるを得ない状況を作るべきであろう。さらに、中国の鉄道の乗車券売り場のように、高さ一メートルぐらいの鉄柵を設置し、絶対に割り込めなくさせることが大切である。まず一列に並ばせることが重要で、悪知恵を働かせる人でも一列しかなければ割り込む隙がないからである。

・専属スタッフを配置

もう一つは、中国国内でも大型連休の際に、秩序を維持するために導入されている人海戦術である。大型連休中は訪日中国人観光客が集中する施設や観光地に、秩序を維持するための専属スタッフを多く配置することも効果的であろう。ここでのスタッフはできれば体格がよく、威圧感のある人の方がいい。マナーの悪い観光客でも、強そうなスタッフにはどうせ勝てないと思い込ませれば、トラブルを未然に防ぐことが大いに期待できるはずだ。

4 中国人はゴミを出す

爆買いを主な目的とする訪日中国人観光客の増加とともに、一部観光客のゴミの捨て方や処分の仕方が観光業界の悩みの種となっている。バスの車内、観光地、ホテル、空港の出発ロビーといったありとあらゆるところで、大量のゴミ、段ボール、壊れたスーツケースなどが置き去りにされている。それは、日本の難しすぎるゴミのルールを理解できないための行動なのか。それとも、中国人特有のゴミに対する考え方による行動なのか。

・日本の分別ルール

日本のゴミ捨てに関するルールの細かさや厳しさは、「世界トップクラス」と言われている。日本人でさえ、ゴミのルールが厳しすぎると感じているようだ。日本で生活し始めたばかりの外国人は、家庭ゴミの分け方や出し方に関する細かいルールに、苦戦を強いられている。例えば「燃えるゴミ」「燃えないゴミ」「紙類」「紙パック」「ビン」「缶」「金属類」「プラスチック製容器包装類」などに分類し、それを種類ごとに異なった色のゴミ袋に入れ、指定された日の指定された時間内に捨てなければならない。

もし燃えるゴミ用の袋に燃えないゴミを間違って入れたり、間違った日に間違ったゴミを出したりした時には、ゴミは回収されない。地域によっては、ゴミ袋に住所と氏名を記入してから出さなければならないし、万が一間違った場合には、そのゴミが住人の元へ送り返される。しかも、地域ごとに分別のルールがかなり異なり、引っ越ししたら新しいルールをまた徹底的に覚える必要がある。

日本を初めて訪ねた中国人観光客は、日本でさまざまなカルチャーショックを受ける。その一つが、空港や高速道路のパーキングエリアに置かれているゴミ箱の分別種類の多さである。「紙などのゴミ」「ビン」「缶」「ペットボトル」「タバコ」など、それぞれを表すイラストがゴミ箱に貼られていてもわかりにくいと感じる。私が訪日経験のある三八名の中国人に訪日に関するアンケートを実施したところ、全員が「日本のゴミの分別のルールが、細かすぎてわかりにくい」と答えた。

細かすぎる、ルールが多すぎるなどの理由で、一部の訪日中国人観光客が、飲み物を捨てる際に戸惑い、ビンをカンのところに、カンをペットボトルのところに、間違って捨てるケースが非常に多いようだ。また、中国の公共の場所にはほとんどゴミ箱が置かれており、その都度ゴミを捨ててしまうことに慣れている。そのため、ゴミ箱が極端に少ない日本では不便を感じ、ゴミ箱を置かない日本が悪いのだと自分勝手に解釈し、結局いたるところにゴミを捨ててしまう行動に出ることもある。

・中国の分別ルール

中国でも日本と同じように、増え続けるゴミが大きな社会問題となっている。二〇〇〇年からゴミの分別が提唱され、さまざまな対策が講じられてきたが、その成果はあまり出ていない。そして二〇〇四年、中国はアメリカを超え、世界一のゴミ排出国となった。しかし、家庭ゴミの分別や回収の仕組みはいまだに確立されておらず、生活レベルの向上とともにゴミの排出量がさらに増え続けている。

中国の家庭ゴミは、基本的に住宅地に設置されてあるゴミ箱に、時間の制限もなく、いつでも捨てることができる。多くの都市では、ゴミの分別そのものがない。北京や上海など限られた一部の都市だけが、試験的にゴミの分別を行っている。

例えば、北京市では、家庭ゴミを「リサイクルゴミ」「その他のゴミ」「キッチンゴミ」の三種類に分けている。それらのゴミ処分の仕組みは、リサイクル、燃やす、埋め立て、堆肥の四つである。しかし、紙類、プラスチック類、ガラス類、金属類などのリサイクルゴミの再資源・再利用の比率は、驚くほど低い。

そのため、ほとんどの中国人はゴミを減らす重要性を感じてはいるが、自らの行動でゴミを減らそうという自覚を持っている人は少なく、さらにゴミを分別する習慣を身に付けている人は極めて少ない。また、多くの場所で、いつでもゴミを捨てられる環境に慣れている中国人にとって、ゴミ箱がないからといって、日本人のように、そのゴミを家まで持ち帰って捨てるという発想は当然芽生えないのだ。

・分別習慣が身に付いていない

これほどまで厳しく、これほどまで複雑なゴミの分別ルールを守ることは、多くの国々では無理なことである。それを素直に実践し、忠実に行動することは、日本人だから成り立つ。中国人には、到底あり得ない話である。中国の家庭のゴミがほとんど分別されないままで処分されているのは、行政に責任がある一方、国民性とも関係している。家庭ゴミの分別を行っている数少ない大都市では、ゴミの分別の種類は「普通のゴミ」と「リサイクルできるゴミ」のほぼ二種類しかない。

日本よりも断然シンプルで簡単に分別できるにも関わらず、それでも分別しない、あるいは間違って分別する人間が大勢いる。なぜ、日本人は、この複雑でかつややこしいゴミの分別をやっていけるのか。それは、日本人が真面目で、ルールに厳しいからだと考えられる。

中国人はたとえルールがあっても、誰にも見られていなければ守らないし、小さなルール違反なら、間違っても大したことではないと考えてしまう。また、さまざまなルールに縛られることを極度に嫌がるという性質もあり、ルールを守りたくないという心理も働き、ルール違反者に対する見方も比較的寛容である。

さらに、中国人はルールを守る必要性のない場合には、ルール遵守を優先するのは意味のないことだと判断する。たとえ交通信号が赤になっても通過する車がなければ、躊躇なく渡ってしまうのだ。そのため、信号無視が原因の交通事故は、一向に減らない。また、そもそも、わざわざ日本に来て、爆買いもして、日本の景気浮揚に貢献しているのだから、ゴミ捨てのルールぐらい守らなくても大目に見てくれると考えている中国人も確かにいる。

おもてなしポイント

・ゴミ袋を配布

一部中国人観光客の自己中心的で、ワガママで、ところかまわずゴミを捨てるマナー違反行為は、諸外国でも頻繁に批判されている。それに関して、中国のトップが異例の発言を行った。二〇一四年九月一七日、習近平国家主席は訪問先のモルディブで、海外を旅行する中国人にマナー改善を呼び掛けた。

現地の中国人らとの会合で、彼は「海外を旅行する中国人にマナー重視を教育しなければならない。ペットボトルをところかまわず投げ捨てたり、サンゴ礁を傷つけたりしてはいけない。インスタントラーメンばかり食べずに、現地の海の幸をたくさん食べるように」と、中国人のマナーの悪さを憂慮する異例の発言をした。

この発言からもわかるように、マナーの悪い一部の中国人は、いたるところで中国人観光客のイメージを下げてしまっている。しかし、マナーの悪い観光客の行為を簡単に変えることはできないが、その違反行為を注意し、ゴミを捨てにくくすることはできるはずだ。

例えば、団体ツアーのバスの座席の下に大量の食べカスなどを残さないようにするため、毎日乗車する際に、運転手かガイドが、乗客の一人一人にゴミ袋を手渡してみよう。全員が揃ったところで、ゴミを床に捨てず、ゴミ袋に入れるルールを説明する。

無意識のうちに違和感なくゴミを床に捨てた人は、注意されたら床にゴミを捨ててはいけないことを初めて自覚し、行動に移すことが期待できる。中国人観光客のバスの車内がひどく汚れていることは、中国人がよく食べることも関係しているかもしれない。日本のお菓子や果物は非常においしいので、たくさん食べればたくさんゴミを出してしまう。

中国人が日本に来て衝撃を受けるのは、中国と比較できない清潔さで、その清潔さをどのように保っているのか、興味津々である。そこで、日本のゴミの分別の仕方や出し方の仕組みを丁寧に説明し、訪日中のゴミの出し方を繰り返し注意すれば効果が期待できる。もちろん、注意すればすぐさまルールを守ってくれるというのなら、苦労はいらないが。

・罰則ルールの実施

そこで、罰則ルールの周知や実施も必要になる。例えば、ホテルの客室に大量の一般ゴミを残すことは仕方がない。しかし、古くなった大型のスーツケースなどの粗大ゴミを残した場合には泣き寝入りをせず、宿泊者や旅行会社と交渉し、処理代プラス手数料を支払うか持ち帰りにするのかを選んでもらう。捨て逃げ勝ちではなく、ただでは済まさないという強い意志を伝えることも重要である。

ゴミは、空港の出発ロビーや搭乗ゲート付近にも多く置かれている。それは、ほとんどが家電製品、靴、雑貨、菓子類、医薬品などの空箱である。爆買いするため、荷物の重量制限を大幅に超える人が多く、少しでも荷物の体積や重量を減らし、段ボールなどの梱包材や商品の外箱を捨ててしまうからである。

外箱や段ボールは大型のものが多いため、折ったり潰したりする道具もなく、設置されているゴミ箱では到底入りきらない。結局、ゴミ箱の近くだけではなく、いたるところに放置されているようだ。しかも、ゴミのほとんどが、外箱や段ボールの形のままで置かれており、ゴミなのか乗客の荷物なのかも判断しにくいから、回収もしづらい。

一部の空港では、そのような行為をやめてもらうよう注意喚起をしているが、効果はあまり出ていないようだ。私から見れば、理屈はわかっていても、荷物の量を少しでも減らしたいという心理が最優先になっているために取られた行動である。そこで、どうせそれらのゴミが捨て続けられ、回収し続けなければならないのであるなら、いっそそれらのゴミを捨てられる新しい場所を設けた方が早いのかもしれない。

5　中国人はトイレマナーが悪い

タイの観光名所の一つ、仏教寺院のホワイト・テンプルは、近年増え続けている中国人観光客のマナーの悪さに困惑している。度重なるマナーの問題で、寺院側は中国人観光客の拝観を一時禁止した。その後、中国人観光客の反発や注意喚起の実施により、拝観は再開された。日本でも、一部中国人観光客のトイレ利用のマナーの悪さが問題となっている。

・世界最先端の日本式トイレ

世界に誇る最先端の日本式トイレは、多くの外国人観光客が「アッ！」と驚くと同時に、必ず感動する定番のものになっている。日本式トイレの進化の歴史は、一九六七年の国産温水洗浄便座の発売に始まり、一九七六年の節水消音便器を経て、一九八〇年のウォシュレットで大きく躍進した。その後、タンクレス、女性用消音装置「音姫」、全自動洗浄トイレ、フチなしトイレ&トルネード洗浄、スマートフォンで操作できる温水便座など最先端トイレが続々と発売されてきた（トイレナビ「トイレの歴史」）。それらのトイレは機能の進化だけではなく、消費者のもったいない精神に基づく節水・節電の進化の歴史でもあり、高機能かつ環境に配慮したエコ商品でもある。

外国人はそのハイテクだけではなく、いつでもどこでも清潔に保たれているトイレに驚かされている。それは、日本人の清潔大好きな国民性によるものである。例えば、清潔な空間を維持するために、多くの日本人が時間を惜ししまず毎日トイレの掃除に励み、こまめに換気を行っている。

居心地のいい空間にするため、さまざまな消臭剤を使ったり、観葉植物や生花を飾ったり、お香を焚いたりするトイレも数多くある。さらに、利用する側は汚さないようにと細心の注意を払っている。万が一、汚した場合は自ら掃除する人も非常に多い。皆の配慮と協力があるからこそ、日本の清潔なトイレがキープされているのだと思う。

このように、ハイテクで清潔な日本のトイレは単に用を足す場所ではなく、ゆったりくつろげる場所へと進化している。それは、日本企業の絶え間ない努力と技術者の持続的なイノベーションの賜物である。また、日本人の清潔好き、道徳観、価値観に裏打ちされた美学の追求により、日本独自のトイレ文化を創出した。

・中国のトイレ事情

日本人のおもてなしの精神や清潔感は、本来汚いはずの排泄物の処理場であるトイレの空間でも感じとれる。残念であるが、その点について、中国人は日本人とまったく正反対の価値観をもっている。中国を訪ねた経験のある日本人の間で、必ず盛り上がる話題の一つはトイレである。日本の清潔かつ快適なトイレ環境に慣れた日本人は、中国の臭い汚いの代名詞にもなっているトイレに、嫌な思い出をたくさん持っているだろう。確かに、日本と比べると、中国のトイレはひどすぎる。

汚いトイレ事情は、中国の住宅構造と大きく関係している。建国当初の一九五〇年代、都市部の住宅不足が深刻な問題となったため、簡易の集合住宅が多く作られた。それらの住宅は、トイレや浴室が共同のものはもちろん、付いていないものも多かった。その状況は約四〇年続き、国民の多くは、共同あるいは公衆トイレで用を足す生活を強いられた。それらの公衆トイレは、不特定多数の人間の生活に欠かせない存在であった。

しかし、多くのトイレは、水の供給が不十分で、掃除もあまりされないこともあり、とにかく臭くて汚い。とりわけ、朝のトイレラッシュの時間帯には、行列ができるほどの大盛況であった。夜になると暗くて、怖い場所と化していた。そのため、狭い寝室に便器を置いて使用し、満杯になったら公衆トイレへ持って行き捨てるのが主流であった。

そして、経済の発展と共に一九八〇年代後半から不動産市場が徐々に成立し、住宅環境は大きく改善された。新築マンションが大量に建築され、浴室とトイレ一体型タイプの物件が続々と発売された。プライバシーが完全に保護されている個室のトイレが、中国人の生活に定着するようになった。しかし、共用あるいは公衆トイレでの生活の歴史が長かったため、トイレは臭く汚いものだとの考え方がすっかり定着している。

・トイレの利用法

中国の公衆トイレは、日本で言う和式トイレのしゃがみこみ式が主流である。大勢の人間が効率よく同時に利用できる空間として、それらのトイレの特徴は、とにかく面積が広く、開放感たっぷりであった。トイレのタイプとして、個室が少なく、扉や仕切りさえもないものが多かった。

例えば、日本でも話題になっている「ニーハオトイレ（こんにちはトイレ）」である。一メートルぐらいの低い仕切りしかなく、もちろんドアもないトイレで、まさに入って来た人と「ニーハオ」となってしまうトイレである。このタイプは、水洗と言っても個室の中央に「溝」があって、上流からまとめて流すタイプのものが多かった。しかし、断水の場合もよくあるので、開放的であるが、基本的に臭くて汚い。

また、仕切りがあって、半ドアが付いているものも多くある。近年では、個室の洋式トイレも増えている。さらに、有料の公衆トイレも登場し、専属スタッフが常駐して管理しているため、若干清潔である。その他に、空港、ホテル、高級レストランなどでは、管理が行き届いているところが増えているから、ほぼ清潔である。また、自宅はほとんどが洋式であるが、ウォシュレットはまだ普及していない。

一般の公衆トイレは、日本のようにトイレットペーパーが完備されておらず、使用したトイレットペーパーを便器に捨てず、設置してあるゴミ箱に捨てるのが基本のスタイルである。それは、トイレの配管が細く、トイレットペーパーの質が悪くて溶けにくく、水圧もかなり低いので、便器に捨てるとすぐに詰まってしまうからである。

しかし、そのゴミ箱は小さくて頻繁に回収処分されず、すぐに満杯となって溢れるようになり、ほとんどのトイレはとにかく臭い。しかも、人口が多いため利用者の数も膨大で、掃除の回数も極めて少なく、さらに利用者のマナーも悪いので、いつでも汚いのだ。

すでに述べたように、中国の住宅では個室専用のトイレではなく、浴室とトイレ一体型が主流である。その機能は日本のユニットバスと似ているが、お風呂に入る習慣がないので、ほとんど浴槽が付いておらず、シャワーだけで、日本よりはるかに広い。しかし、日本のユニットバスのように、防水性や速乾性の高い素材をふんだんに取り入れておらず、シャワー用のスペースに仕切らない仕様も多いため、床全体がいつも濡れていて、湿度が特に高い。

そして、洗面器はトイレ内に設置されている場合も多い。その洗面器では歯を磨いたり、顔を洗ったり、髪や足を洗ったり、服やスニーカーなども洗ったりする。すなわち、洗面器でさまざまなものを洗うので、靴や足を洗っても汚く感じない。また、それらのトイレは、日本ほどではないが、公衆トイレより清潔である。

・利己主義の浸透

中国人の各家庭内のトイレは、基本的にきれいで清潔に保たれている。すなわち、トイレを清潔にする素質を中国人は持っている。しかし、公衆トイレがどこでも臭く汚いのは、なぜなのか。それは、中国社会に蔓延している利己主義と関係していると考えられる。

自分の家のトイレは、きちんときれいに使い、清潔に維持できるのは、自分の物だからである。一方、公衆トイレは、あえてきれいに使う必要がなく、しょせん自分の物ではなく、丁寧に使う必要がないと考えてしまうからである。

中国では、人間はしょせん、わが身だけを可愛がる利己的な存在なのだという信念や考え方が社会のいたるところに浸透し、蔓延している。そのため、社会や他人のことを考えず、自分の利益や快楽だけを追求する利己主義者が驚くほど多い。その利己主義者の行動は、公衆トイレにくっきりと反映されているようなものだ。

他の利用者や掃除する側は、どうせ他人であり、自分と関係ないからきれいに使う必要もなく、しょせん公衆トイレは汚い場所で、皆汚く使っていて、自分だけきれいに使っても何にも変わらないと思っているかもしれない。こうした考え方は、知らず知らずのうちに公衆トイレのマナーを悪くさせているのだろう。

・教育

トイレのマナーが悪いのは、教育とも大いに関係している。中国の学校には、いまだに個室のトイレが少なく、しゃがみこみ式が主流である。また、冷暖房完備の学校がほとんどなく、暑い夏になると、トイレの洗面器で顔を洗ったり、サンダルや足を洗ったりする生徒も多い。洋式の便座付きトイレがある場合でも、便器に座れないほど汚れているため、便座の上に上りしゃがみこみで用を足す人が非常に多い。その靴跡が便座の上にくっきりと残ってしまい、さらに汚くなって座れなくなる。

また、学校では学業教育一辺倒であるため、マナーに関する教育は、ほとんど行わない。正しいトイレの利用マナーを教わっていない多くの生徒は、学校で身に付けた悪い習慣が当たり前と勘違いし、社会人になっても変わらないのだ。

二〇一〇年、日本では「トイレの神様」という曲が大ヒットした。その曲は、同年開催された上海万国博覧会でも、中国語の字幕付きで熱唱され、中国でも話題になった。中国人は、歌詞にあるような、小学校三年生の女児に毎日トイレを掃除させていることを理解できなかった。

また、トイレにきれいな女神様がいること、毎日トイレをきれいに掃除したら、女神様みたいにきれいな女性になれるとの発想も、中国人には信じられなかった。なぜなら、中国人は毎日トイレの掃除をせず、もちろん子どもにトイレ掃除をさせないし、トイレにはきれいな神様がいることを信じないからである。

日本の小学校などでは、しつけ教育の一環として、教室だけではなくトイレも含まれる「掃育」を行っている。掃除をすることで物を大切にする気持ちや責任感、謙虚さ、感謝の気持ちが芽生えるとの道徳的考え方によるものである。また、新入社員の研修に掃除研修をさせている企業もかなり多い。

一方中国では、学業や進学だけが重視されているため、掃除の時間自体が少ない。学生にトイレの床だけ掃除をさせている学校はほんのわずかあるが、便器の掃除を決してさせないのだ。そして、社会人になっても職場での掃除は、ほとんど専門業者に頼んでおり、トイレの掃除を従業員にさせているところは聞いたことがない。

こうして子どもは、自宅でも学校でもトイレを掃除する習慣が身についていない。そして、大人になってもトイレ掃除は嫌われるし、使う時も掃除する側の気持ちがわからないので、きれいに使おうという気が起こらない。臭く汚いトイレ文化で育った中国人にとって、日本の清潔で便利なトイレ文化に憧れがあるのは事実だと思う。そんな文化の違いが、多くの中国人観光客をウォシュレットの爆買いに走らせるのかもしれない。

おもてなしポイント

・マナーの情報発信

二〇一五年の春節に、大勢の中国人観光客が日本に殺到し、爆買いをすることで連日メディアを賑わせた。しかし、訪日中国人観光客によるトイレ利用のマナーの悪さが、日本でもひんしゅくを買っている。例えば、ある若いママが世界でも有数の高級商店街である銀座の街頭で、躊躇なく、正々堂々と子どもにおしっこをさせていたことが大きな話題となった。

まず、批判されるトイレマナーの悪さの第一位は、トイレットペーパーを便器に流さない問題である。すでに述べたように、中国人は使用したトイレットペーパーを、日本のように便器に流さず、トイレ内に設置されているゴミ箱に捨てる習慣があるため、日本に来ても中国と同じことをやっているからである。使用済みトイレットペーパーをゴミ箱に捨てる行為について、日本では「マナーが悪い」と認識する。最近、この行為は習慣の違いによるものだと理解し始める日本人が増え、対策を採り始める施設が少しずつ増えているようだ。

そして、トイレのドアを閉めない習慣もよく批判されている。サービスエリア、駅、レストランなどの順番待ちのトイレで、ドアを閉めず、平気で用を足す中国人の中高年者が多いようだ。それは、広く開放的なトイレに慣れた中国人が日本の狭いトイレを窮屈に感じることによる行為である。

実際、中国で開放的な公衆トイレに慣れた人々は、自宅の個室の洋式トイレにどうしても慣れることができず、排便できないため、毎朝わざわざ公衆トイレで用を足す中高年も多いようだ。また、洗面器でスリッパや足を洗うことも批判されている。それは、生活習慣として自宅でも学校でもごく当たり前のことで、マナーが悪いとは思いもよらぬゆえの行動である。

トイレの洗面器に子どもにおしっこをさせる行為は、特に批判の的になっている。中国の民間療法には、漢方の発想に基づいて「童子蛋（トンズーダン／男子児童の新鮮な尿から作るゆで卵）」や飲尿健康法などがある。だから、子どもの尿は、あまり汚くないとの考え方があるのだ。そのためなのか、洗面器で子どもにおしっこさせる中高年者が多い。また、がまんできなかった子どもに対して、商店街や公園などの公衆の場で、平気でおしっこをさせる親をよく見かける。

私も、ある留学生の中国の自宅に招待された時、彼女の取った行動に驚いた経験がある。それは、寒い冬、暖房付きの温かいリビングルームで、一〇人ほどの人々が夕食を食べている最中に起こった。彼女の三歳の息子は、急におしっこがしたくなった。トイレの部屋が寒かったのか、彼女は息子をトイレに連れて行かず、食事をしている全員の目の前で、部屋の隅で子ども用の便器におしっこをさせたのだ。

さらに、大変驚いたのは、私を除いてその場にいた親戚や友人が見慣れた様子で、嫌な表情を浮かべる人はまったくいなかった。このことからもわかるように、公衆の前での子どもの放尿問題を大目に見る中国人が実に多いのだ。

このように、中国では生活の習慣にすぎない行動が、海外ではマナー違反になるとは思ってもみない中国人が極めて多い。しかし、一部の中国人による行きすぎた行為は、国内でも海外でも頻繁に批判を受けている。そのため、トイレの利用マナーを向上させる自覚が、多くの中国人に芽生えてきているようだ。

国によって文化や慣習が異なり、一方的に観光客を批判することは、問題の解決につながらない。そこで、具体的な対策を講じることが大切である。まず、注意喚起作戦が考えられる。例えば、日本のトイレの利用マナーについての情報をインターネットで大量に配信してみる。また、パンフレットを大量に作り、観光客に配布することも効果が得られる。

・利用法をマンガで表示

トイレの利用法を掲示することも一つの対策として考えられる。一部の施設は、すでに中国語の掲示を実施している。しかし、一部の高速道路のサービスエリアを含む施設などの掲示案内は間違った中国語訳文が多い。インターネットの翻訳ソフトを使って、間違った訳をしたものが結構ある。また、中道半端な注意喚起のため、便器に紙類を捨てても大丈夫だと勘違いされて、生理用品を捨てられたこともよくあるようだ。

掲示するものは、中国人や専門の日本人に頼むべきである。文面の掲示だけではなく、四コママンガのように、トイレの利用法をわかりやすく伝えることも重要である。さらに、忘れがちの女子トイレ内に設置されている生理用品専用のゴミ箱に、日本語でも通じる「生理用品専用」の掲示も忘れないようにすることである。

・和式トイレの数を増やす

さらに、大型の公共施設の場合には、できれば洋式トイレ一辺倒ではなく、和式トイレも多めに設置しよう。日本人でさえ、誰が使ったかわからない所に直に肌を付けることに抵抗がある人がいるように、洋式のトイレの便座に直接座れない女性が結構いる。中国人観光客は基本的にしゃがみこみ式のトイレに慣れており、日本のきれいな洋式の便座付きトイレでも直接便座に座れず、便座の上に上ったりあるいは便座に触れずにしゃがみこんで用を足す人が少なくない。サービスエリアのトイレで、一生懸命和式トイレを探したり、和式トイレの順番待ちの列を作ったりする中国人観光客を何度も見かけている。

6 中国人はホテルの備品を失敬する

日本のホテルでは、宿泊客の滞在を快適なものにするために、携帯充電器、ドライヤー、電気ケトル、アイロン、加湿器などいろいろな備品が用意されている。それに合わせて、備品の持ち帰りに関する訪日中国人観光客によるトラブルが増えている。もちろん、使い捨てのアメニティーや便箋などの備品を持ち帰っても問題ないが、タオル、バスローブ、枕、ドライヤーを持ち帰ることは論外である。一部の訪日中国人観光客は、なぜホテルや旅館の備品を無断で持ち帰るのか。

・ホテルのシステムの違い

日本のホテルは、宿泊客を信用する前提で運営されている。一般的なホテルの精算には、主にチェックインの時点で料金を支払う前払い精算方式と、チェックアウトの段階でする料金後払い精算方式がある。近年インターネットの予約者が増えたことから、予約時点精算（主にクレジットカードでの精算）が多くのホテルに導入されているが、まだ後払い精算が主流である。そして、後払い精算であれば、チェックアウトの際、部屋にある飲み物やサービスを利用した分の自己申告だけを行い、合わせて代金を支払う。

一方、中国のホテルでは、宿泊客を信用しない前提で運営されている。インターネットなどの事前支払いを除けば、日本と同様基本的に後払いである。しかし、後払いとは言え、チェックインの時にデポジット（保証金）が必要で、クレジットカードもしくは現金で預かったデポジットは、チェックアウト時に精算される。このデポジットは、支払いをせずにホテルを去ることを避けたり、客室の設備を壊したり、備品をなくしたりする際のホテル側の保険の意味合いがある。

しかし、チェックアウトのやり方は、中国では日本と大きく異なる。チェックアウトの際には、まずフロントから宿泊階の担当スタッフに連絡の電話が行き、その連絡を受けたスタッフは客室に入り、備品の状態や飲み物の利用状況などを詳しく確認してから、フロントに折り返しの連絡をする。客室の備品に問題がなく、サービスの利用もなかった場合には、そのまま精算作業を行う。しかし、もし備品の欠損などがあった場合には、客室に置かれてある備品価格一覧表に基づき、その価格を加算され精算される。

宿泊客を基本的に信用しないこのホテル側の自衛策は、チェックアウトが集中する朝のあわただしい時間帯では、どうしても客室での備品のチェックに時間がかかってしまい、効率よくスムーズにチェックアウトできない。しかし、中国ではほとんどのホテルがこれを実施しているため、中国ではチェックアウトは時間がかかるものだと認識され、不平不満もあまり出ないのだ。

・勘違いによる持ち帰り

中国では、一般的に備え付けのアメニティーグッズ、ランドリーバッグ、スリッパなどを持ち帰っても大丈夫である。ホテルのランクにより、アメニティーグッズのレベルがまちまちで、その評判はあまりよろしくない。ランドリーバッグは、ビニール製や紙製のものが多く、何回か使うとダメになってしまうものがほとんどである。

スリッパは紙製とタオル生地のものがあり、紙製のものは粗悪品が多く、一日しか使えない。ランクの上のホテルなら、タオル生地のスリッパが備え付けで、丈夫な物が多く、日替わりで使うともったいないと感じる場合が多い。すなわち、中国のホテルではリサイクルのスリッパは基本的に置かず、日替わりの使い捨て前提で提供されている。そのスリッパを持ち帰って、次の移動のバスの車内や飛行機内に使う人も頻繁に見かける。

そして、一部の訪日中国人観光客は、中国での感覚に基づき悪意ではなく、ただ勘違いをして、浴室に備え付けの詰め替え用の大きめのシャンプー、リンス、ボディーソープを持ち帰ったり、リサイクル用のスリッパを持ち帰ったりしてしまう。

・罪の意識が薄い

すでに述べたように、中国のホテルでは備品を破損したり、なくしたりすると、チェックアウトの際には必ず請求される。そのため、中国のホテルでは、備品に関するトラブルは比較的少ない。しかし、一部の訪日中国人観光客は宿泊客を信用する前提に立っている日本のホテルのチェックアウトの甘さに驚き、その仕組みの隙を狙い、湯呑やガラスコップなどの小さなものからドライヤー、電気ケトル、枕、バスローブなどの大きな物を持ち帰ってしまう。さらに、装飾品やテレビなどの大型の備品も躊躇なく持ち去る観光客がたまにいる。ホテルからすれば不特定少数の人間からいくつも備品を盗まれたら、その備品を新しい物に補充する必要があり、余分の出費を被ってしまう。

ホテルの備品を無断で持ち帰る行為は、窃盗そのものである。ホテルから備品を持ち帰るのは犯罪なのに、どうしてやる人が絶えないのだろうか。それは、やる人間が意外に罪の意識を持っていないからだと考えられる。

持ち帰りをする人々は「利用料を払っているから備品の一つくらい、どうってことないだろう」「ホテルにとって、備品の一つくらいなら、髪の毛一本をなくすようなもので気にしないだろう」「うまくチェックアウトさえできれば、どうせ捕まらないだろう」といった、軽い気持ちでやってしまうのではないだろうか。

おもてなしポイント

・課金ルールを作る

一部の中国人観光客の「持ち帰り問題」で悩まされているホテルや旅館では、さまざまな対抗策を講じ始めている。例えば、浴室や大浴場の詰め替え用のシャンプー、リンスやボディーソープを持って帰れないように、ボトルを壁に固定し、テレビを鎖でつないで、最低限の備品だけを設置し、装飾品を極力置かないといった防衛策をとっているホテルが少なくない。しかし、これでは、この問題を根本から解決することができない。

中国のホテル独自のチェックインとチェックアウトの仕組みは、基本的に宿泊者を信用しない前提に立ち、トラブルを未然に防ぐために生み出されたものである。中国のホテルでは、中国人は基本的に備品を持ち帰らないにもかかわらず、なぜ日本に来て持ち帰るようになったのか。それは、日本のホテルや旅館の仕組みに、隙があるからである。

「こんなことはしないだろう」「言わなくてもわかってもらえるだろう」といった日本人の行きすぎた「善人説」や、「お客様は神様」という過剰な顧客優先主義を捨てて、ルールを明示し、違反していたら返品してもらうとか課金をすれば、トラブルが減らせるはずだ。そこで、備品の課金ルールを作り、多言語表記の備品の価格一覧表を客室の目に届く場所に置くことも重要である。また、リサイクル用のスリッパを勘違いして持ち帰らせないためには「持ち帰らないで下さい」と書かれたカードをスリッパの上に置けば、効果が表れるのではないだろうか。

ただ、誤解を招かないために、ここでの表記はすべて三カ国語以上の多言語表記をしなければならない。価格表やカードの表記を中国語だけにしたら、中国人を泥棒扱いしたことになり、中国人を差別するホテルや旅館だとレッテルを貼られ、不泊運動が起きる恐れもある。最悪の例では、支配人や女将さんが謝罪する事件に発展したケースもあった。

団体ツアーのチェックアウトや出発時間が事前に決められており、客室を出た直後にスタッフがすぐさま入室し、備品のチェックを行える対策が必要である。その際には、もしツアー客がまだ出発していなかったら、その場で返品か課金を求めれば済む。すでに出発した場合には、ガイドに連絡して対処してもらい、返品に応じた場合には、備品と返品のための手数料を求め、課金に応じた場合には、現金をもらえばよい。

・旅行会社との契約に盛り込む

中国の上海春秋国際旅行社は、観光客のマナー問題に積極的に取り組んでいる。例えば、観光客のマナーに関する規定を契約書に盛り込んでいる。同社はガイドに対して、観光客に訪問国のマナーやマナー違反行為を詳細に説明することを求めている。こうした対策が、トラブルを大幅に減らすことにつながっているようだ。

上海春秋国際旅行社の事例を参考に、団体のツアー客が宿泊する場合には、旅行会社とのルール作りが欠かせない。ホテルや旅館は旅行会社との契約の条項を明確にし、賠償の内容も細かく決めることが重要である。そして、賠償内容をガイドを通して、観光客に周知し注意喚起をすれば、大きな効果が期待できるのではないか。

第2章　大いなる胃袋

7 中国人はお冷やが嫌い

日本では四季を通じて、お弁当やおにぎりなどの冷たい食べ物がよく食べられている。多くのレストランで氷を入れた「お冷や」が無料で提供されるなど、日本人は冷たいものが大好きである。しかし中国では、小さいころから生もの、冷えたものは体に悪いと教えられるため、基本的に生の食べ物、冷たい食べ物や飲み物を好まない。

・医食同源

冷たいものが敬遠されている理由はさまざまであるが、一つには、健康に良くないという発想がある。中国では「医食同源」という漢方の考え方に基づく食生活が定着している。医食同源とは、日頃からバランスの取れた食事をとることで病気を予防し、治療しようとする考え方である。そのため、食材や調理法を漢方的に解釈する習慣があり、この食材は体内の熱を発散させる、この調理法は体を温める効果がある、という具合に食事と健康を常に配慮する国民が非常に多い。

漢方の考え方では、必要もなく冷たいものを多く摂取すると、胃腸に負担をかけ、胃腸を冷やし、働きを低下させるとされている。胃腸は食べ物を分解して、栄養素を吸収する働きをもっている。吸収された栄養素はエネルギー源として作り替えられ、体のすみずみに運ばれる。

しかし、胃腸はとてもデリケートな臓器で、食べすぎ、冷たいものの取りすぎなどによって、消化・吸収する働きを低下させる。そのため、中国では火を通した温かい食事をとることが重視されている。日本料理や西洋料理に比べて中華鍋で強い火力を用いる炒め物が目立ち、油を多用する料理が多いという特徴がある。
調理したものを冷めてから食べる前菜を除けば、ほとんど冷たいままで食べる料理は極めて少なく、生の魚や肉、卵などを食べる発想は基本的にない。飲み物も冷たいものは好まれず、夏でも温かいお茶や白湯が飲まれている。

・冷蔵庫の普及率

冷たい食べ物が中国人に敬遠される二つ目の理由は、冷蔵庫の普及率の低さである。冷蔵庫がないため、小さいころに冷蔵庫から冷たい物を出して食べたり、飲んだりする習慣がない。実際、中国の家庭に冷蔵庫が見られるようになったのは、都市部でも一九九〇年代に入ってからである。中国国家統計年鑑を見ると、都市家庭の冷蔵庫の普及率は、集計が始まった八一年でわずか〇・二%。九〇年の時点でまだ四二・三%にすぎず、二〇〇四年に初めて九〇%台に乗り、一三年では九八・五%であった。

表1　都市部の冷蔵庫保有世帯

1981年	0.2%
1990年	42.3%
2000年	80.1%
2010年	96.6%
2013年	98.5%

（中国国家統計年鑑より）

冷蔵庫の普及により、中国人の嗜好にも少し変化が出てきた。

冷たい食べ物は依然として敬遠される傾向にあるが、飲み物は冷たいものを受け入れる若年層が増えているようである。冷蔵庫の普及に加え、アメリカを代表するファストフードチェーンの中国進出、飲料大手の炭酸飲料の全国販売の促進が背景にある。二〇〇〇年代以降の世代は、生まれたときには自宅にほとんど冷蔵庫があり、それ以前の世代に比べて冷たい飲み物への抵抗は少しずつ低くなっている。

・食品の安全問題に起因

三つ目は、食品の安全問題に関連している。中国では、米、野菜、果物などの残留農薬、違法添加物の使用、重金属汚染等による有毒食品、動物用医薬品や抗生物質などの超過残留といった事件が後を絶たない。また、工業化の急速な進展による河川、土壌などの環境汚染によって、汚染農産物が大量に生産され、流通しているのはご承知の通りである。

そのため、中国人は基本的に中国産の食品を信用していない。例えば、二〇一一年に中国国家統計局がハルビンで行った世論調査によると、約八割の人が自国の食品に大いに失望している。

安全かつ安心な食品を確保するため、多くの中国人はさまざまな創意工夫を行っている。

例えば、私の母の日課について説明してみよう。私が中国に帰省する際、最大の楽しみは食事であり、最大の悩みも食事である。

　まず、食材の買い出しから多くの神経を使う。実家の近くに近代的な食品スーパーがあるが、野菜や海産物の種類は少なく鮮度も低い。店内の換気が不十分であるため空気が悪く、長くいると母がめまいを引き起こしてしまうので、家族はあまり利用していない。少し離れたところには伝統的な食品市場があり、見た目は汚いが地元客でいつもにぎわっている。

　しかし、そこの市場で食材を買うには、母と一緒でないと、抜け目のない業者に騙されてしまう。毎朝、食品市場での買い物が母の日課であり、どのコーナーの野菜は農薬が少なく、どのコーナーの店主は死んだ豚を売ってないのかといった情報を母から教えてもらって買い出しをしなければならない。

　そして、買い出しを終えても、残留農薬を少しでも減らすために仕込みに多くの時間と労力を費やさなければいけない。買ってきた野菜をきれいに仕分けた後に、大きなバケツに目いっぱいの水を入れてから野菜を一時間以上漬け、さらに三回ぐらい丁寧に洗った後やっと野菜の仕込み準備ができる。

　また、肉の下準備として、沸騰したお湯の中に肉を入れて、三分ほどゆでてから肉を取り出し、時間をかけて水道水で丁寧に洗って準備完了である。さらに、魚の下準備は、やかんにお湯を沸かした後、魚の表面にお湯をかけ流してから、水道水できれいに洗い流す作業がある。こうした下ごしらえは、退職して時間に余裕のある母だけが行っていることではなく、多くの家庭で毎日行われている。

これらの作業は、すべて食品の残留農薬を少しでも減らすための庶民の知恵の結晶である。食品に安心・安全が欠けている中国の現状では、多くの労力と時間を費やすのが、庶民の最大限の自衛策となっている。そのため、中国人は料理の下準備に膨大な時間を費やしている。さらに、中国では、食料や食品の生産、流通、管理の仕組みにも多くの問題があるため、火を通した温かい食事をとることが最良の自衛策である。冷たいものを恐れるというのは、漢方の発想や病気を恐れるからだけでなく、中国産食品に対する信頼の低さも関係しているのではないだろうか。火を通してないものは不衛生で安全ではなく、炒めたものなら安心して食べられると信じている人が多いのかもしれない。

おもてなしポイント

・温かい食事を提供

中国人は、医食同源という考え方、冷蔵庫の普及率の低さ、食品の安全問題といった理由から、冷たい料理や冷めた食事をあまり受け入れない。そこで、訪日中国人観光客をもてなす際のキーワードは、日本人の先入観を捨てて、中国人の食習慣に配慮し、できる限り温かい食事を提供することである。

朝食バイキングの場合には、日本ではなじみが薄い温かい牛乳、お粥、野菜炒めなどのメニューを用意すれば喜ばれるだろう。冷たい牛乳を平気で飲む日本人とは異なり、低温の牛乳を飲むとすぐお腹を壊す中国人は驚くほど多い。私の友だちのほとんどは、夏でも冷たい牛乳を絶対に飲まない。そこで、牛乳のそばに電子レンジを置けば、簡単に対処することができる。

中国では、夏でも三食はすべて温かい食事をとり、南方の多くの地域では、朝食と夕食の主食に温かいお粥を食べる食習慣がある。朝食にパンやコーヒーを好む若い人が増えたとはいえ、朝食に温かいお粥を食べる人々はまだ多い。お粥があれば、原価率の低いおかずも喜んで受け入れられる。例えば、キャベツや白菜などの野菜の炒めもの、漬物や焼き魚などの日本の伝統的なおかずを備えれば歓迎されるはずだ。

昼食は季節を問わず冷たいおにぎり、お弁当、冷めた食事は避けるべきである。見た目も高価で、人気のある老舗のおかず満載のお弁当を用意しても評価されない。安くても、ラーメンやうどんなど温かいものを用意すれば、彼らの満足度は格段に高くなる。

・生ものを出さない

夕食には、生卵の扱いにも細心の注意を払うべきである。中国では生食用の卵は流通しておらず、食べる習慣がないのだ。そのため、料理のトッピングとしても半熟のものを極力避けることが無難である。魚も刺身ではなく、しゃぶしゃぶで食べられる一人用の鍋ものを備え、生か加熱かの選択肢をお客さん自身に委ねれば、きっと喜ばれるはずである。さらに、飲み物を提供する時、中国人の好みに配慮すべきである。中国ではほとんどの中高年は、ビールやジュースを常温で飲んでいるからだ。

8 中国人はお茶が大好き

中国人はお茶が大好きだ。多くの中国人の一日の始まりはお茶からといっても過言ではない。朝起きて、とりあえずお湯を沸かし、お茶を注ぐことが中国人の日課である。お茶といってもさまざまな種類があるが、出身地によっては、生涯同じ種類のお茶しか飲まない人も大勢いる。すなわち、中国人のお茶の好みは地域特性が強いのだ。

・お茶は国民的飲み物

お茶は世界中で最も多く愛飲されている嗜好飲料で、紅茶や日本茶も含めて、お茶のルーツはすべて中国である。そのため、お茶と言えば中国というイメージが、すっかり定着している。中国茶の種類は多岐にわたり、二〇〇〇年に出版された『中国名茶誌』には一〇一七種類のお茶が記載されている。内訳は六〇%が緑茶で、残りが紅茶と烏龍茶などの特殊茶に分類されている（日本中国茶普及協会より）。

そして、お茶の種類を大きく分けると、緑茶、黄茶、青茶（ウーロン茶）、紅茶、黒茶、花茶がある。日本では、ウーロン茶、緑茶、花茶が有名である。特に、日本ではウーロン茶の知名度が驚くほど高く、中国茶の代名詞にもなっているようである。

ウーロン茶は、茶葉を発酵途中で加熱して発酵を止める手法で、半発酵茶と言われ、緑茶と紅茶の中間に位置する。代表的なブランドとして、武夷岩茶（福建省武夷山市）、鉄観音茶（福建省安溪県）、凍頂烏龍茶（台湾南投県）、高山茶（台湾阿里山）がある。特に、武夷岩茶や鉄観音茶の人気が極めて高い。

そして、お茶の入れ方は、お茶の種類によって大きく異なる。例えば、緑茶の場合は、茶葉をマグカップの中に入れて、浸しながら飲むのが、ポピュラーな入れ方である。一方、ウーロン茶の入れ方は、日本茶とほぼ同じである。まず茶葉を急須に入れ、お湯を注いで一分ほど浸したら茶湯を残さず出し切るのがおいしく飲めるポイントである。

ただ、茶葉と茶具を洗う目的で、一回目の茶湯は飲まず、その茶湯を使って、茶具を流し洗い、湯呑と茶具の温度を高めて、二回目の茶湯から飲み始める。また、茶葉に注ぐお湯の温度が七〇～八〇度とされる日本茶に対して、ウーロン茶は九五度前後がベストとされる。

・産地と嗜好

国民的な飲み物であるお茶の産地は、中国全土に広がっている。中国の中心部を流れる長江（揚子江）を中心に、主なお茶の産地は、大きく四つに分類される。一つ目は、江北茶区で、緑茶の栽培が盛んである。二つ目は、江南茶区である。緑茶、黄茶、紅茶が多く栽培されており、中国の茶業の中心的存在である。

三つ目は西南茶区で、緑茶、紅茶、黒茶が栽培されている。四つ目は、華南茶区である。中国最南端の茶区で、茶樹資源は非常に豊富で、紅茶、青茶、花茶、白茶などさまざまなお茶が栽培されており、特にウーロン茶が有名だ（和茶网「中国的四大茶区介紹」）。

お茶の産地に合わせて、地域ごとに飲むお茶が大きく異なる。緑茶の生産地域が一番多いため、緑茶を好む国民が圧倒的に多い。緑茶は、中国茶消費量の全体に占める割合が、七割にも達しており、中国を代表するお茶である。一方、日本で知名度が極めて高いウーロン茶の消費量は、全体の一割にも満たない。

お茶の好みとしては、例えば、北京人はジャスミン茶、上海人は緑茶、福建人はウーロン茶、広東人はプーアル茶を好む。しかも、お茶の好みはほとんど変わらず、ずっと同じ種類のお茶を飲み続ける傾向がよく見られる。

私は、生まれてから日本に来るまで、ウーロン茶しか飲まなかった。半発酵のウーロン茶に慣れた私の胃腸は、不発酵の緑茶を飲む度に、胃酸の分泌が加速され、軽度の胃荒れ状態になってしまう。そのため、中国に帰省する度に、残留農薬を気にしても日本で一年間に飲むウーロン茶を中国で買って日本に戻るのだ。

・ウーロン茶はローカルな飲み物

ウーロン茶と言えば、日本人の一般的イメージとして、中国人が古くからよく飲んでいるように思われている。しかし実際には、ウーロン茶は、中国の南部に位置する福建省のローカルな飲み物である。私の出身は福建省でウーロン茶の産地であり、地元の人々は、朝起きたらとりあえずウーロン茶を飲むことが、一日の始まりとなる。

日本に留学した当初、スーパーやコンビニ、自販機などあらゆるところでウーロン茶が売られており、日本人も違和感なくごく普通に購入している姿は、奇妙に見えた。なぜなら、中国では飲み物の好みも地域特性が強く、ウーロン茶を好んで飲む地域は福建省に限定され、他の地域の人はほとんど飲まないからである。

ウーロン茶が日本で市民権を得たのは「ウーロン茶はダイエットに有効」というイメージが日本で先行したからである。日本でウーロン茶が飲まれるきっかけを作ったのは、ピンクレディーだと言われている。一九七九年に彼女らは「美容のためにウーロン茶を飲んでいる」とインタビューに答えると、週刊誌やマスコミがすぐさま一斉にそれを取り上げ、一大旋風を巻き起こした。

そのころの日本のウーロン茶の輸入量はごくわずかであった。ところが、ピンクレディーの効果により輸入量は数百倍にまで急増した。その勢いに乗って、一九八一年に登場したのが伊藤園の缶入りウーロン茶である。その後サントリーや大手飲料メーカーもこの分野に参入したため、徐々に缶だけではなく、紙パックやペットボトル入りのウーロン茶が登場し、いつでもどこでも買えるし、すぐにでも飲める身近な存在になっていった。

しかし、近年中国では、ライフスタイルの変化や食文化の洋風化などにより、若者を中心にお茶と言えば「中国」という実態が変わりつつある。世界的に有名なコーヒーチェーンが続々と中国に進出し「コーヒー戦争」を引き起こし、特に大都市の北京や上海ではコーヒーショップがあふれかえっている。かつて飲まれなかったコーヒーの消費量は急速に増え、コーヒーを飲む習慣が少しずつ定着している。このように、中国では、地域ごとに飲むお茶が異なり、年齢層によってお茶派あるいはコーヒー派に分かれている。

おもてなしポイント

・お茶や白湯を多めに準備

緑茶が大好きな中国人は多い。しかし、緑茶だけではなく、お茶をまったく飲まず、「お湯」派の人もたくさんいる。中国では水道水を直接飲めないので、いったん沸かしてからお湯を飲むのが普通である。そのお湯を飲む習慣が「お茶文化」の発達を促進したとも言われている。

緑茶を習慣的に飲むと体脂肪を減らし、がん予防につながると言われ、緑茶の愛飲者が健康志向の向上によりさらに増えている。そのため、多くの中国人にとって、緑茶は自宅で飲むだけではなく、移動中や食事の時も欠かせない必需品となっている。そして、緑茶の入れ方と飲み方としては、マグカップに直接茶葉を入れ、お湯を注いで温かいうちに飲み、茶湯がなくなったら、繰り返しお湯を注いで飲み続ける。

また、普段飲み慣れた茶葉と水筒を持参し移動する人も多く、食事の際にマイ水筒にお湯を注いで飲むのは、よく見られる光景である。マイ水筒で飲物を飲む習慣が定着している中国では、空港や鉄道などの公共施設でお湯を無料で提供しており、長距離移動の鉄道の車両に無料のお湯を注げる蛇口も用意されている。当然、レストランでも、お湯を無料で提供するところが多い。

マイ水筒を持参する慣習は、海外旅行でも同じである。観光客の多くは、毎朝ホテルを出発する際に、マイ水筒を持参し、移動や観光中に水分を積極的に取る傾向が見られる。そして、食事の度に、レストランで次の移動に備えて、マイ水筒に温かいお茶や白湯を満杯に注ぐ中国人が圧倒的に多い。

しかし、日本では、中国人観光客がお茶やお湯をマイ水筒で持ち帰る行為に、戸惑っているレストランがかなり多い。多くの高速サービスエリアのフードコートでは、無料の飲み物を水筒に入れないよう注意する掲示が多数ある。また、中国人ならウーロン茶を愛飲すると勘違いして緑茶を用意せず、わざわざウーロン茶を大量に用意するレストランもある。

若干コストがかかるが、中国人観光客の食事の際には、温かいお茶や白湯を持ち帰ることも想定し、多めに準備しよう。温かいウーロン茶よりも緑茶、あるいは緑茶とウーロン茶の両方を用意し、お湯の提供もあればきっと喜ばれるだろう。

9　中国人は胃袋が大きい

中国人はとにかくよく食べるし、食に対するこだわりが大変強い。広大な国土に五六の民族が共存し、さまざまな食文化や食習慣が混在し、地域によって好みも大きく異なる。共通しているのは、家計全体に占める食費の割合が非常に高いことだ。

・食料品の支出が多い

中国人なら誰もが知っている食に関する言葉がある。それは「民以食為天（ミン イーシー ウェイ ティエン／民は食をもって天となす）」で、人々は食を第一に考えるという意味である。一般家庭の消費支出のなかで、食品の占める割合が多いか少ないのかを見る一つの指標がエンゲル係数である。エンゲル係数とは、食費にかかるお金が家計（消費支出）の何パーセントを占めるかで表される。エンゲル係数が高くなるほど、食費以外にお金が回せない状態で、生活は苦しいとされている。

一般的に生活が豊かになるにつれエンゲル係数は下がっていく。日本でも同じような現象が見られ、総務省の家計調査によると、終戦直後の一九四七年の全世帯のエンゲル係数は六三％だったものが、八〇年代には二〇％台に減っている。

しかし、中国では日本とはかなり異なり、生活水準が高くなっても、家計支出におけるエンゲル係数はそれほど下がらないのが現状である。大半の中国人が、給料日になると第一に考えるのが食事である。日本と比べて、中国は地域の発展レベルが大きく異なり、地域格差や所得格差が著しい。

そこで、都市部と農村部のインフラ整備や社会保障の状況が根本的に違うので、二つの地域を分けて見ることが重要である。エンゲル係数のデータの集計も、都市部と農村部に分けて出されている。二〇〇〇年の都市部住民の年間所得は六二九六人民元（約一二万円、一元＝一九円で計算）で、エンゲル係数は三九％であったのに対して、二〇一四年には、所得が約四・七倍の二万九五四七元（約五六万円）に増えたが、エンゲル係数は三八％で、一％しか下がらなかった。

表2　日中両国のエンゲル係数の推移

	日本	中国
1980年	29%	57%
1990年	25%	54%
2000年	23%	39%
2010年	23%	36%
2011年	24%	36%
2012年	24%	36%
2013年	24%	35%
2014年	22%	38%

（日本は全世帯、中国は都市部住民世帯が対象
日本総務省「家計調査」・中国国家統計年鑑より）

・料理の品数が多い

二〇一二年、中国中央電視台（CCTV）で放送された『舌尖上的中国（シェアジィエンシャンディヂョングゥオ／舌で味わう中国）』は、思いがけず好評で高視聴率になった。この番組は、美食をテーマとするシリーズのドキュメンタリーで、人と食べ物との関係、その食材にかかわる人々の裏の姿、人と社会との関係などを独自の視点で表現した。

地味なグルメ番組で、しかも深夜放送にもかかわらず、高い視聴率を獲得したのは、中国人の食べ物に対する関心の高さの表れである。中国人は昔から何でも食べると言われ、地上にある四つ足のものはテーブル以外、海に泳ぐものは潜水艦以外、空に飛ぶものは飛行機以外なんでも食べると皮肉られる。食べ物に情熱を注ぐのは、毎日の品数にも反映されている。

日本に古くから伝えられており、健康的な献立構成の目安は「一汁三菜」である。「一汁三菜」とは、ごはんと汁物に、主菜一品、副菜二品で構成された献立を指す。主菜とはメインになるおかずのことで、副菜の一品は、煮物や炒め物など、主菜に次ぐボリュームのあるもの。残りの一品は、あえ物、漬物などの小鉢物である。しかし、近年、夫婦共働き世帯や低所得者世帯の増加により、多くの家庭では「一汁三菜」という伝統的な献立スタイルが崩れているようだ（二〇一三年ニチレイフーズ「現代女性の食卓調査」）。

中国でも、献立の目安として「一汁三菜」「一汁四菜」という考え方がある。中国の一汁の内容は、日本と大きく異なる。中国では、まずスープを決めてからその日の献立を決めるという人もいるくらいで、スープは極めて重要なメニューである。特に中国の南部地域では、スープに対するこだわりは尋常でなく、アワビや貝柱などの高級食材を突っ込み、一～二時間をかけてじっくりと煮込んだ栄養価の高いスープを好む。

一食の品数は、三つや四つは当たり前で、休日になると品数がさらに増える。平日の夕食では、主菜が二つで、豚肉と魚あるいは豚肉と鶏肉で、副菜に玉子料理と野菜炒めといった具合である。そして、一品ごとのボリュームは日本よりも多く、日本の一般的な量の一・五倍が、中国人の腹八分目と考えておくとよい。

・中国人は豚肉が大好き

中国人の胃袋は、どのぐらい大きいのか。それは、統計データから知ることができる。二〇一三年、中国人の年間一人当たりの穀物の消費量は一三八・九キロで、日本人の九一・一キロより四七・八キロも多かった。お米を主食としている地域では、たとえダイエットを気にしている成人の女性でも、平気で一食に二～三杯のご飯、三～四品のおかずを食べる。

肉といえば豚肉をイメージする中国人が驚くほど多い。二〇一三年の年間一人当たりの肉の消費量を見ると、中国は三二・七キロで、日本の三〇・一キロより二・六キロ多かった。しかし、豚肉の占める比率は、中国は一九・八%を占め、日本の一一・八%よりはるかに高かった。中国の一般家庭のおかずの中では、豚肉は必ずと言えるほど毎回登場する。もし豚肉の出番がなかったら、ほとんどの人は不機嫌になるはずだ。

そして、豚肉と比べると、鶏肉や牛肉の消費量は格段に少ない。ただし、近年では、洋風の牛肉ステーキやハンバーグを出すレストランが増え続けている。かつて身近ではなかった牛肉のおいしさに気付いた人々も増え、牛肉の消費量は急速に上昇し、牛肉やその関連食品の輸入量も大幅に増加している。

しかし、島国の日本とは違って、大陸の中国では、海産物の消費量は低い。その消費量は日本のほぼ三分の一しかない。中国では魚は日常的に食べられているが、そのほとんどが淡水魚で、海水魚を食べるのは沿海地域の一部の住民だけだ。

表３　日中の食料品の年間１人当たり消費量（単位：kg）

食　材	国	2010年	2011年	2012年	2013年
肉	日本	29.1	29.6	30.0	30.1
	中国	34.72	35.17	35.17	32.7
海産物	日本	29.4	28.5	28.9	27.0
	中国	15.21	14.62	15.19	10.4
野菜	日本	88.1	90.9	93.5	92.3
	中国	116.11	114.56	112.33	97.5

（中国については都市部住民のデータ；日本農林水産省「食料自給率に関する統計」と中国国家統計年鑑より）

魚の調理法は、蒸す、煮込む、焼く、揚げが一般的である。沿海地域を除けば、海産物は主に外食で消費する。近年、魚の流通や保管技術の向上により、自宅で消費する人が増えている。しかし、魚の独特の臭みや骨を嫌って、肉ばかりを食べる内陸部の人々もたくさんいる。

一方、中国人の野菜の消費量は極めて高い。ただ、野菜の食べ方は、日本人とかなり異なる。日本でよく食べられているサラダではなく、ほとんどが炒めものとして食べられている。野菜炒めは、大量に食べられるので、一皿の量はだいだい五〇〇グラム前後である。また、肉や海鮮の炒めもののなかに、野菜も大量に入れられ、一緒に炒めてしまうメニューも多い。炒め調理法のおかげで、世界で野菜を一番食べる国は中国だそうである。

おもてなしポイント

・質より量にこだわるメニューに

二〇一四年訪日中国人観光客の一人当たりの飲食費の支出は三万九四八三円（全支出の一七％）で、訪日外国人平均の三万二一四〇円より多いが、一位のベトナムの五万四三六一円より一万四八七八円も少ない。訪日中国人観光客の買い物の支出と比べると、食費支出は全般的に決して高くない。

特に団体ツアーの場合には、低予算で、料理を豪華に演出しながら、多くの分量と品数を提供することが、何よりも大切である。創意工夫をすれば、低い予算で満腹にさせ、満足させることができる。

まず、予算に合わせて、質よりも量にこだわるメニューにしたい。満腹にさせるためにはメニューを厳選し、主食の種類と量を増やし、山盛りにして見た目の演出にも気を配ることが欠かせない。ご飯、カレー、チャーハン、焼きそばなどのメイン料理の種類とボリュームを増やせば、原価率の高いサイドメニューを大幅に減らすことができ、低予算でも利益を出すことができる。

・B級グルメの食材を使う

もう一つは、原価率が低く、おいしいB級グルメの食材を大量に使い、山盛りで出すことである。例えば、モヤシ、キャベツ、豆腐、卵、輸入肉がそれに当たる。そのうち輸入肉を除けば、それらの食材で作られた料理は、中国の食卓にも頻繁に登場する。しかも、日本の透き通った空気、おいしいお水、厳しく設けられた農薬基準の下で、農家の丁寧な作業により作られたものであるため、中国産のものよりも断然においしい。

例えば、豆腐料理を大量に提供する。そもそも豆腐発祥の地は、中国であると言われている。豆腐は価格が安い割に、植物性たんぱく質が豊富でカロリーは低く、健康的な食品として昔から中国人がよく食べる食材である。中国の伝統的な豆腐は、日本の豆腐よりも堅いとされる。油による調理法が多かったため、水分を少なくした方が調理しやすいからという。

一方、日本の豆腐は木綿豆腐、ソフト豆腐、絹ごし豆腐、充てん豆腐の四種類があり、湯豆腐、みそ田楽、豆腐のみそ漬け、炒り豆腐、豆腐ハンバーグ、揚げだし豆腐などの日本料理がある。日本の豆腐は白く、柔らかく、大豆本来の味を前面に出しているため、淡泊な食感をもち、中国の豆腐よりもおいしく感じられる。

もともと、日本産の豆腐は中国でも知名度が非常に高い。高級スーパーで日本の二〜三倍の値段で売られているため、頻繁に食べられるものではない。日本の豆腐料理をたくさん食べればカロリーが少なく、水分が多く満腹感が得られることから、中国人観光客に大いに喜ばれるはずである。

また、物価の変動にあまり影響されない卵は、日本では生でも食べられるほど安全で、鮮度、品質など中国産とは比較できないほど格段においしい。しかも、簡単に素早く作れる卵レシピは種類も豊富である。例えば、ゆで玉子、温泉玉子、目玉焼き、茶わん蒸し、ベーコンエッグ、ハムエッグ、だし巻き玉子、モヤシ卵炒め、キャベツ卵炒め、ひき肉卵炒めなどバリエーションが実に豊かである。

在日中国人の多くは、だし巻き玉子が大好きである。だし巻き玉子の作り方は、一見難しいように見えるが、だしの配分量と焼き方のコツがわかれば、何度も巻かずあっという間にきれいにできるし、大根おろしを添えれば立派な日本料理になる。柔らかく、ふわふわとして食べやすく、中華料理にない発想と形で中国人にウケること間違いない。

10 中国人は故郷の味しか知らない

食べ物や味付けの好みは環境や気候などの影響を受け、地域特性が強い。中国では、地域によって味付けの好みが大きく異なる。例えば寒い地域では濃い味付けで、暑い地域なら薄味で、湿度の高い地域では辛い味付けといった共通点が見られる。

・麺文化と米文化

中国は国土が広く、人口が膨大であり、それぞれの地域の気候や風土に適した食習慣が存在し、地域ごとの差異が極めて大きい。北方人（黄河流域以北の地域）の主食は小麦で、南方人（長江以南の地域）はお米である。例えば、山東人のローカル食は、マントウ、麺類、餃子である。中国人は餃子をよく食べるというイメージが強く定着しているが、実際のところ北方人だけが好んでよく食べており、特に北京人や山東人にとっては正月にはなくてはならないものとなっている。

一方、南方地方では、お米の食文化が根強く定着している。例えば、福建人や広東人は、お米を原料とするビーフンやライスヌードルが大好きである。そのため、家庭料理として、餃子や麺類はほとんど登場せず、料理できる人々も非常に少ないのだ。

中国南部の出身で焼きビーフンを好物としている私が、来日当初、スーパーや料理店で焼き餃子が一般的に売られ、焼き餃子定食というメニューも存在し、ぱくぱく食べている日本人の姿が異様に感じられた。さらに、知り合いの日本人のほとんどが、餃子の皮と好みの具をスーパーで購入し、餃子の具を皮で上手に包み、パリパリに金色に輝く餃子を焼き上げることに大変驚いた。

なぜなら、私の地元では、小麦を食べる習慣はなく、一年中餃子を食べない家庭がほとんどだからだ。また、その当時餃子の皮や冷凍餃子も売られておらず、餃子を食べるという発想がないため、自宅で餃子を作れる人もあまりいなかった。

・地域ごとの味付け

中華料理は多彩な技法や味のバラエティーを持ち、世界三大料理の一つとして知られている。しかし、中華料理とひと言でいっても、広大な地域と異なる文化により、さまざまな郷土料理が生まれてきた。そして、それぞれの郷土料理は、異なる味付けが特徴となっている。

中華料理を大まかに分けると、代表的な料理は四種類、日本でもよく知られている北京、四川、上海、広東料理である。それらの料理は、その地域の気候や風土に適した調理法や味付けになっている。

まず、北方系の代表は北京料理である。北京市は北に位置しているため、緯度が高く、寒冷である。寒さを乗り越えられるような肉体を作るため、高タンパクを中心とした肉類を、強い火力で調理した料理が中心である。もともと宮廷料理から発達した料理で、見た目が豪華な料理が多いのも特徴で、さらに内陸に位置しているので、魚介類を含んだ料理はあまり見られない。味付けは醤油や塩を多く使い、こってりとして味が濃い。

西方系の代表は、四川料理である。四川料理の最大の特徴は、なんと言っても「辛さ」である。その辛さは独特な「麻辣」である。麻は中華山椒（花椒・ファジャオ）で、舌が痺れるような辛さ、辣は唐辛子で、舌がヒリヒリするような辛さである。西に位置している四川省は、寒さの厳しい盆地に立地しており、発汗を促進させたり食欲を増進させたりするため、辛い料理が発達した。

東方系の代表は上海料理である。そもそも上海料理は蘇州、揚州、寧波などの江南各地の料理の集大成である。上海を中心とする江南地域は俗に「魚米之郷」と称され、魚介類と農産物が非常に豊富である。料理の味付けは醤油や油、砂糖を多用したコクのある濃いものと、素材の味を生かした淡白なものの両方がある。

一方、南方系の代表的な料理は広東料理である。南に位置している広東地方は緯度が低く、温暖な気候である。温暖な気候のおかげで、農産物が大変豊かで、また海に面しているため、海産物が豊富である。「食は広州にあり」と言われるように、海産物を中心とし

表4　代表的な中華料理

四大料理	メインの食材	代表的な料理	味付けの特徴
北京料理	小麦、豚、羊	北京ダック、羊肉しゃぶしゃぶ	醤油や塩の多い濃い味
四川料理	米、豚、鶏、大豆	麻婆豆腐、麻婆茄子、麻辣火鍋	香辛料の多い辛い料理
上海料理	米、豚、魚介類	八宝菜、カニ蒸し料理、小籠包	味が薄く、甘味が強い
広東料理	米、豚、魚介類	チャーシュー、魚の蒸し料理	材料の味を生かす薄味

て、貝柱、ふかひれ、燕の巣などの高級食材を取り入れる料理も多く、さらに日本人から見れば考えられない養殖用の蛇、犬、猫、猿などを食べる料理も有名である。調理上の特徴として、材料の持ち味を生かし、薄味の炒め物や蒸し魚介類のものが多い。日本人の好みにもっとも合うのがこの広東料理といえる。

中国を代表する四大料理は、主にそれぞれの地域住民が好んで食べるが、それ以外の地域の人は、他の地域の料理をあまり食べない。私は北京の大学に進学するまで、四川料理を食べたことがなかった。大学の寮生の一人が四川省の出身であるため、彼女の誘いで初めて四川料理を食べたが、なんと一週間ぐらいのどが痛くて、声も出せなかった。

私は福建省の出身で、地元では辛いものを食べる習慣はない。自宅で麻婆豆腐や麻婆茄子も当然作れないし、食べたこともなかった。いきなり本場の四川人が勧めてきた、直径二センチぐらいのラー油がのっている麻婆豆腐を頑張って食べたら、痛い目にあった。

・日本の大衆食も好む

中国人が好む日本食と言えば、かつては寿司や天ぷらが定番のイメージであったが、訪日観光客の増加に伴い大衆食を楽しむ人々も増えている。無料クーポンマガジン『ホットペッパー』は、訪日観光客上位の中国、台湾、香港、韓国、タイ、アメリカの六カ国、それぞれ一〇〇人の訪日観光経験者を対象に、過去一年以内に日本を旅行したことのある二〇～五九歳の男女に、日本観光における「食」に関するアンケートを実施した（二〇一四年八月二五日～九月三日、インターネット調査）。

まず「日本に来た観光の目的は何でしょうか」の問いに対して、一位が「日本食を楽しむ」だった。そして「実際に食べたメニューでおいしかったものは何ですか」の問いには、中国と韓国の二カ国を除けば、ほかの四カ国はラーメンが一番おいしかったと回答し、韓国はとんかつとお好み焼きが同点の一位となった。

一方、中国人の一番人気は、さしみであった。意外に日本人の大衆食である巻き寿司・かっぱ巻きがなんと堂々の二位にランクインした。また、たこ焼き、そば、お好み焼きの人気も高いことがわかった。「日本の飲食店での食事の満足度」について「満足」と答えたのが六三%、「やや満足」が三二%で、二つ合わせるとその満足度はなんと九五%にも達した。
　このように、中国人は日本料理に対する理解を少しずつ深めているようだ。しかし、料理に対する中国人の嗜好は、生まれや育った地域に強く影響される。すなわち、中国人の食べ物の好みは、地域特性が強く、千差万別である。

表5　実際に食べたメニューで
おいしかったものは何ですか（n＝100）

順位	食べ物	%
1	さしみ	29.0
2	巻き寿司・かっぱ巻き	23.0
3	焼き魚	22.0
4	焼肉	21.0
5	ラーメン	20.0
5	たこ焼き	20.0
7	カレーライス	19.0
8	うなぎ	18.0
9	そば	17.0
10	お好み焼き	15.0
11	焼うどん	14.0
12	すき焼き	13.0
12	とんかつ	13.0
14	天ぷら	11.0
15	にぎり寿司	10.0

（中国人のデータのみ；リクルートライフスタイル『HOT PEPPER』より）

おもてなしポイント

・多種類の調味料を用意

訪日ブームの高まりにより、訪日中国人観光客の客層は、最初の富裕層から都市部の中間所得層に移行し始めている。すでに説明したように、中国は国土が広く、地域特性が強く、郷土料理を好む特徴がある。出身地によって、味の好みや濃さも異なる。中華料理は、火の扱いと味つけが命であると言われている。大皿に盛った料理を大勢で取り分けて食べるところにも、醍醐味がある。

日本料理は心や目を楽しませてくれ、素材の味を最大限に生かした薄い味つけで、ヘルシーであると同時に、色つやや器、盛り付けなどを含めて総合的に目で楽しむという要素が強い。日本食ブームに乗って、日本料理を評価する中国人が多い一方、「味が薄い」「量が少ない」「見た目にこだわりすぎ」「食べた気がしない」などと批評し、物足りないと感じる中国人も確実に多いのだ。

そこで、低い予算で簡単に薄味を変えられる改善策は、調味料である。日本には料理に合わせてさまざまな調味料があり、一般のレストランには、食卓に醤油、ソース、胡椒などが置かれている。中国では醤油と黒酢を常時置いている料理店が多い。

特に黒酢を好む客が多く、よく消費されるからである。黒酢に豊富に含まれるアミノ酸、クエン酸やビタミン・ミネラル類は、風邪の予防、強い殺菌作用、高血圧の予防、血流の改善、抗酸化作用などの効果が実証されている。

中国人は食生活に積極的に黒酢を取り入れ、食べ物にすべて黒酢を入れる地域さえも多くある。また、風邪予防と食中毒を防ぐために、特に旅行中に積極的に摂取する中国人も大勢いる。味付けにこだわり、濃い味を好む中国人に対して、食卓に醤油、ソース、胡椒だけ置くのではなく、例えば、黒酢、塩、ラー油、一味、七味、とうがらし、にんにくなどできるだけ多くの調味料を置いておけば、自分の好みで自由に足して日本食を楽しむことができる。

そうすれば、日本料理に対する淡泊で薄味のマイナスイメージを、根本から変えることも簡単にできる。コストは若干かかるが、観光客の満足度がアップするのでコストパフォーマンスは高くなる。特定の調味料がすぐなくなるなら、その調味料を店頭で販売すれば、もう一つの収益源にもつながるかもしれない。

11 中国人は食べ残す

食べきれないほどの料理を注文し、たくさん食べながら大量に食べ残すことは、中国人独特の食卓の風景である。中国の食事のマナーは、日本と比べると基本的に少ないが、日本と異なるものも多くある。中国独自の食文化や慣習を理解し、配慮することができれば、訪日中国人観光客の満足度の向上につながるだろう。

・異なる食事のマナー

礼儀大国を自負する中国では、食事に関する独自の礼儀作法がある。例えば、食卓はほとんど円卓で、お箸は縦に置き、日本のように横置きにしない。また、食事の時に「いただきます」「ごちそうさま」と言うのは日本では当たり前だが、中国ではこれに相当する言い方がないし、言う習慣もない。

接待や宴会では、円卓の席次は部屋の入り口から最も遠い位置が上席になり、上席に主賓が座り、主賓の人から見て、左、右の順に座る。料理が運ばれてきたら、まず主賓から取り始めて時計回りに順番に取り分けていき、全員が取り終わるまでは、料理には手はつけないのがマナーである。ただ、箸の取り方から持ち方にも厳しい日本料理と比べると、礼儀作法は基本的に少なく簡単である。

また、日本では、接待を受けるときには料理を完食し食べ残さないのがマナーである。きれいに残さず食べ切ることは、日本人にとって相手への礼儀である。しかし、中国では、出された料理を全部食べ切ることは、食卓にすでに食べ物がなく、料理が足りないという意思表示になる。そうなるとお金がなくても奮発して料理の追加をし続け、お客さんに振る舞わねばならない。だから接待を受ける際には、それ以上食べる意思がなければ、お皿に料理を一つでも残し、お礼を言うというのが暗黙のルールである。

日本にも、中国人だけではなく、他の国の人から見ても理解できない食習慣がある。その代表的なものは、ラーメンやうどん、そばなどの麺類を食べる際にズルズルと音を立てる食べ方である。日本を除けば、海外のほとんどの国では、食事の際に大きな音を立てて食べるのはみっともないと感じ、マナー違反とされている。

もちろん、大きな音を立てながら麺類をすする食べ方は、日本人独自の考え方がある。例えば、熱々の麺料理を食べる時にすすりながら食べた方が、麺が冷めて食べやすくなる。すすって食べると口の中に味がよく広がり、香りも鼻に抜けていくことでよりいっそうおいしさが増す。

さらに、大きな音を立ててすするのは、その料理がそれだけおいしいことを表現しているという。しかし、面白いことに、麺類をすすって食べる習慣がない中国人は、いざすすってみようとしても実際にはできないことも多く、私もその一人である。

・食料品の浪費大国

日本では、食育が非常に重視されている。家庭ではご飯粒を一粒でも残すと「もったいない」「神様のバチがあたる」といっては叱られる。学校では、欠席した生徒に友だちが給食のパンを家に届ける習慣が昔からあり、厳しい先生は食べ物を残すことはもちろん、食器をパンやお茶でピカピカに平らげないと許してくれないそうである。

そうした教育のおかげもあって、大人になってからは、食べ物を大切にする人々が非常に多い。実際、私が勤めている大学の学生食堂で、好き嫌いがあるだろうに、ほとんどの学生がいつも食べ残さず、きれいに食べ切る光景を見ると、私はいつも感心している。

中国でも、もちろん家庭や学校で、食料品の大切さや農民労働の大変さを教える教育は行っている。食育にはよく知られている李紳（唐朝の詩人）の有名な詩が教材として頻繁に使われている。それは、「鋤禾日当午（ジュ ヘェ リーダン ウー）、汗滴禾下土（ハン ディヘェ シァトゥ）。誰知盤中餐（シュイ ヂー パン ヂョン ツァン）、粒粒皆辛苦（リー リージェ シン クー）。」である。簡単に訳すと「真昼の太陽が照りつけ、吹き出る汗が地面に滴り落ち、米粒はみな農民の辛苦の結晶である」。要するに、食料品を浪費せず、大切にすべきという意味である。

残念ながら食育の成果はそれほど現れず、中国は食料品の世界有数の浪費大国である。中国では毎年浪費された食物だけで、年間約二億五〇〇〇万人を養うことができると頻繁に報道されている。近年では「光盤行動（グゥアン パン シン ドン／食べ残さない運動）」が全国各地に広がり、少しではあるが改善に向かっているようだ。しかし、お客さんに対して食べ切れないほど大量の料理を出すというのは、古くからの「おもてなし」であり、ある意味では文化でもある。このような文化や慣習は、一朝一夕には変えられないのだ。

・食べ放題の課題

日本でもレストランバイキングは人気で、肉、スープあるいはサラダをバイキングで提供する店も多い。中国でも、若い人やファミリー層にバイキングは人気だが、店では客の食べ残しや持ち帰りの対策に悩まされている。例えば、中国の必勝客（ピザハット）は、サラダバイキングを提供し、人気を得ていた。その仕組みとしては、注文した後、一枚のお皿が配られ、一回だけ皿に自由に盛り付けることができる。

しかし、この一回しかないチャンスに対して、面白いのか、元を取ろうという魂胆か、大勢の客がお皿に高い塔を作り上げた。そこで、全部食べ切れば問題がないが、ほとんどが食べ切れず残してしまう。ピザハットはしばらく頑張ったが、経営コストを下げるために、やむを得ずサラダバイキングをやめた。

中国では、バイキングでの食べ残し、無断の持ち帰りに対して、監視を強め、罰金を取るレストランも少なくない。残念であるが、一部の中国人はその悪いクセを日本でも披露している。そのため、バイキングを提供している多くのレストランは、監視を強めたり、罰金を取ったりすれば反感を買うが、放置すればコスト増につながり、その解決策はなかなか見つからないのが現状である。

おもてなしポイント

・お皿のサイズを変更する

損をしたくない消費者心理に対して、改善法はいくつかあるのではないか。「食べ残しゼロキャンペーン」を訴える多言語のポスターをいたるところに掲示し、従業員による声かけも実施する。次に、お皿のサイズ変更も考えられる。日本のバイキングの多くは、セルフで大皿に好きなだけ盛るスタイルであるため、一回で料理を取りすぎてしまう場合が多い。

そこで大皿をなくし、中皿と小皿だけを用意すれば、取りすぎることを少し防ぐことができる。お皿が小さいため、食べ物を何回も取る必要があり、面倒くさいと感じる人は、必然的にあまり取りに行かなくなることで、食べ残しを多少防ぐことができる。

また、料理ごとの名札掲示についても工夫をする余地がある。例えば、名札を多言語で表記し、その記入の内容も料理名だけではなく、カロリーも大きな文字で表記すれば、健康志向の人には効果が大きいとも考えられる。

・賞品と交換できるごほうび作戦

さらに、ごほうび作戦も実施してはどうだろう。例えば、それぞれの食卓に食べ残しゼロのカードを用意し、食べ切った場合には帰り際にそのカードを従業員に見せると、おにぎり、お菓子、特産品のいずれか一つと交換できる仕組みを作れば、食べ残しおよび無断持ち帰りは、少し減らせるのではないだろうか。

・食べ残しを分析

最後に、食べ残した食品を分析する方法もある。具体的にどのような食品がよく食べ残されたのかについて調査し、集計して分析を加える。口に合わないことによるものなのか、あるいは取りすぎによるものなのかを分析し、結果がわかれば、対策も採りやすくなる。

例えば、中国語のできるスタッフによる簡単な聴き取り調査を実施し、中国人に食べ残した理由を尋ねる方法もある。もし、口に合わない場合には、それらの食品の作り方や味付けを変えるか、提供を取りやめることも考えられる。もし、取りすぎによるものであれば、それらの食品を出すタイミングを変更したり、盛り付けの方法を変えたり、ボリュームを減らしたりする対策も実施すべきだろう。

第3章　いまのトレンドは？

12 中国人は自撮りに夢中

カメラや携帯電話、iPadのシャッターを構え、その度に大きな声で「茄子（チィエ ズー）」と叫ぶ訪日中国人観光客の姿は、行楽地以外の場所でも頻繁に目のあたりにする。中国人は写真撮影が大好きで、いつでもどこでも写真を撮りたがるのだ。そして、撮影時のポーズ、写真の見せ方、記念写真に対する考え方などについて、中国人は日本人と大きく異なる。

・奇抜な撮影ポーズ

写真撮影時のポーズの取り方だけでも、日中間の差は大きい。控えめな国民性なのか、多くの日本人は写真を撮る時に、必ずといっていいほどピースサインをする。恥ずかしがり屋が多く、カメラを向けられるとどんなポーズを取っていいかわからず、とりあえず定番の「ピースサイン」をするのだろう。

一方、目立ちたがり屋の中国人の撮影ポーズは多種多様で、日本人を唖然とさせるものも多いようだ。例えば、バレリーナ気取りのポーズ、グラビアアイドルのようなポーズ、地面に寝ころんで大文字を表現するポーズなど、奇抜なものも結構多い。また、被写体に触れながら撮影するスタイルは、中国人の定番といえよう。中国人のアルバムを見ると、木に登ったり、花を触ったり、花壇に入ったり、彫刻に抱き付いたりする人が驚くほど多い。

観光市場の拡大や観光人口の増加により、中国人観光客の写真撮影に関する批判も確実に増えている。例えば、中国では革命期の共産党軍女性兵士の立像に登り、頭に腰掛けて写真を撮る男性がいた。その写真がインターネットに投稿されたことで、非難が殺到した。その後、中国当局はその男性を特定し、実名も公表し「観光客ブラックリスト」に載せた。

パリのルーブル美術館では、お触り禁止の展示品にべたべた触って、彫刻の人物像の肩に手をまわしてピースサインで写真を撮るマナー違反行為が、頻繁に起きている。また、日本でも桜を写真撮影する際に、木の枝を引っ張ったり、子どものために木の枝を折ったりする行為が見られた。さらに、桜吹雪を演出するために、友人に桜の木を揺すらせながら落ちてくる桜をキャッチするポーズを取る人も現れた。

・写真の主人公はあくまでも自分

友人や同僚と食事をする際、料理が運ばれる度に写真を撮りたがる人に遭遇することが、よくあるだろう。その時の写真の撮り方も、日本人と中国人ではかなり異なっている。日本人はたいてい携帯を取り出して、料理だけの写真を撮影する。

一方、中国人は、携帯やｉＰａｄなどで料理の写真だけではなく、料理を食べている自分や友人を撮影する。その後、中国独自のソーシャルネットサービス（ＳＮＳ）に、それらの写真を投稿する。それは、おいしい料理を食べている自分が好きで、交友関係や人脈が広い自分が大好きだからである。

自分が大好きで、写真撮影の主体はあくまでも自分であり、景色はただの背景にすぎないという中国人独特の撮影スタイルがある。そして、自分が大好きなことは、携帯の待ち受け画面、iPａdやパソコンの壁紙に載せる写真からも知ることができる。

大半の日本人は、動物や風景をそれらの画面に載せているようだ。しかし、多くの中国人は、年齢や性別に関係なく、とにかく自慢ができる自分の写真を載せるのが大好きなのだ。実際に、中国国内だけではなく、在日中国人の私の知り合いの多くは、そのようなことをしている。

・写真で自慢する

自分が大好きであるとともに、自慢したがる中国人も非常に多い。そのため、写真を撮ることは、良い思い出を残すことに留まらず、正々堂々とした自己アピールの根拠にもなっている。多くの中国人は旅行の際には自然や文化などについて、自分の目でじっくり見るのではなく、とりあえず写真を撮りまくる。その観光地での写真は現地に行った証拠になり、「証拠写真」の意味合いが非常に大きい。

中国で販売されている旅行プランの中では、過密なスケジュールの弾丸ツアーが一貫して人気が高い。多くの中国人は観光の質は低くても、なるべく多くの観光地に行き、たくさんの記念写真が撮れることを、コストパフォーマンスが高いと評価する。有名な観光地に入場しなくても、外で写真だけを撮れば、行ったことになると考える中国人が結構多い。

さらに、他人の評価を非常に気にする中国人も、ビックリするほど多い。旅行の際には、多くの日本人は動きやすくリラックスした服装をするべきだと考えている。しかし、多くの中国人は「証拠写真」を他人に自慢する前提で、服装を決めることがよくある。写真に写っている服装までチェックしがちな友人からの評価を上げるために、あえて高価なブランドものを着たがるのだ。そのため、多くの中国人観光客は、TPOにふさわしくない中国人独自の旅行スタイルを創り出した。

例えば、山に登るのがわかっていても、ミニスカートやハイヒールで頑張って登っている中国人観光客を多く見かける。また、空港での写真撮影のために、長距離のフライトにもかかわらず、パーティーにでも参加するかのような露出度の極めて高い服で装う。挙げ句の果てに、飛行機の座席についた途端、機内の温度の冷たさに耐えきれず、呼び出しボタンを押し続け、フライトアテンダントに毛布を緊急要請する中国人女性にも何度か会った。

・婚礼写真に情熱を燃やす

日本でも名古屋人は冠婚葬祭にたくさんのお金を費やし、派手な結婚披露宴を行うことは有名な話である。中国人は、名古屋人よりもはるかに派手な結婚式を好む。そして、日本であまりなじみのない習慣として、結婚する前に必ずしなければならないのは、ド派手な婚礼写真を撮影することである。

そもそも、中国では、結婚手続きをする際に、二人が写っている顔写真を役所に提出する必要がある。その写真は、結婚証明書に貼る決まりである。その後、手帳サイズの証明書は一冊ずつ新郎新婦に発行され、それぞれ保管しなければならない。

結婚写真と言えば、一九八〇年代までは、日本の履歴書に貼るようなサイズのもので、質素そのものだった。そして、九〇年代初頭、台湾の婚礼写真、いわゆるフォトウエディングの専門業者が北京に進出した。見たこともない台湾流の派手なフォトウエディングが、当時の若いカップルに衝撃を与え、瞬く間に人気を博した。その後、ド派手なフォトウエディングを撮影するスタイルが、中国人の生活にすっかり定着した。

もともと中国では、「慶事には積極的に消費しよう」との伝統的な既成観念がある。そして所得の増加に加え、一人っ子で家族から潤沢な結婚資金をもらえることで、結婚費用は毎年跳ね上がった。大都市部の結婚費用は、名古屋人の平均支出を軽く上回った。フォトウエディングの撮影場所は、室内のスタジオに始まり、国内を経て、海外の有名観光地へと推移してきた。特に富裕層のカップルの場合、海外でのフォトウエディングがブームとなっている。

現代技術とプロ技の結晶により、本人とまったく似ていないド派手なフォトウエディングが完成する。その写真を招待状に入れ、人に自慢するのだ。そして、結婚式当日、巨大な婚礼写真が結婚式場のロビー、式場の入り口と式場のいたるところに飾られる。また、新居のリビング、寝室などにも、その巨大な婚礼写真が長く飾られている。このように、フォトウエディングに異常なほど情熱を注ぐのは、中国人の見栄っ張りな性格の表れといえよう。

旅行先で写真を撮りまくるのは、日本人も中国人も同じである。もともと写真が大好きな中国人は、海外旅行ともなれば、その情熱がさらにヒートアップする。写真を撮っていて集合時間に遅れる人、撮影につい夢中になり迷子になる人がガイドを困らせている。また、危険な場所や撮影禁止の場所でも構わず撮りまくる人、被写体の許可なく勝手にシャッターを押す人など、トラブルに巻き込まれるケースが多く発生している。

訪日中国人観光客のマナー違反に対して、一部の観光地も対策を講じ始めている。例えば、東京の上野公園は、多言語の「花見のマナー五原則」のチラシを配布したり、看板を設置したりしている。しかし、対策を講じる施設は、まだ少ないのが現状である。

おもてなしポイント

・ホームページで周知徹底

まず、情報発信を積極的に行うことである。例えば、日本観光の関連情報サイトに、マナー違反の事例集を作り、違反事例について詳しく説明し、注意喚起を行う。そして、観光施設の撮影の可否について、できればホームページで積極的に周知するようにしよう。もし、撮影禁止の場合には、予め観光客に知らせることで、トラブルを未然に防ぐことができる。

また、国宝、重要文化財、美術品などの展示に際しては、入場券に大きな文字で、「撮影禁止」の注意書きを入れるだけでも、効果が得られる。さらに、スタッフを多く配置したり、巡回を強化したり、撮影禁止の絵文字をいたるところに貼ったり、立て看板を設置したりすることを実施すべきであろう。

万が一、撮影禁止の場所で違反する人がいたら、必ず厳しい態度で対処すべきである。違反者本人に、その場でカメラや携帯の映像を削除してもらう。また、悪質な場合には、強制退場や警察に通報することも行うべきである。日本のルールに従わなければ、必ず痛い目にあうという情報がＳＮＳで拡散すれば、抑止効果は格段に上がると考えられる。

・フォトウエディングの撮影を積極的に誘致

訪日中国人観光客の撮影マナーの悪さに苦しむ観光業界であるが、婚礼写真に情熱を燃やす中国人を積極的に誘致する動きも出始めている。日本のブライダル業界には、中国人をターゲットに定め、フォトウエディングの撮影を通して、市場の活性化につなげることを期待したい。日本のカップルがハワイなどで海外挙式するブームがあるように、近年中国でも同様の傾向が見られる。

日本のさまざまな自治体や企業の努力により、フォトウエディングの撮影場所に、日本を選ぶカップルが少しずつ増えている。日本の強みとして、四季折々の気候、多彩な自然風景、丁寧なサービス、自然なメイク術、ハイセンスなヘアアレンジの技、豪華絢爛かつ高品質のドレスなどが挙げられる。

特に、日本のウエディングドレスと和服の虜になっている中国人女性が確実に増えている。ウエディングドレス、カラードレス、白無垢、色打掛、引き振袖、新和装スタイルなどのフル装備の衣装が、中国人女性のハートをわしづかみしているようだ。

中国人を誘致するには、日本の強みをさらにアピールし、中国のＳＮＳでの情報を積極的に発信し、受け入れ態勢を整えることが欠かせない。また、中国の婚礼業界と連携し、フォトウエディングだけではなく、挙式を組み合わせたツアーを企画し、新たなブライダル市場を開拓することも狙える。例えば、話題作りのために、全国の大都市で懸賞企画を行う。都市ごとにカップルを日本に招待し、フォトウエディング撮影会を開くことも考えられる。

その後、それらのカップルに要請し、ＳＮＳに情報を投稿してもらう。それらの情報は、自らの経験に基づくもので、業者の広告よりも説得力が断然に強い。それらの情報が増えれば、日本のフォトウエディングの情報はネット上で〝拡散〟しやすくなり、新たな客層の増加が期待できそうだ。

13 中国人は一人っ子に甘い

観光庁の「訪日外国人の消費動向」によると、二〇一四年の訪日中国人観光客の数は二四〇万人以上に達し、そのうち四〇歳以下の一人っ子世代の割合は全体の六五・一%を占めた。中国人観光客を誘致するためには、この一人っ子世代にターゲットを絞り、緻密な戦略を展開することが必要である。一人っ子による消費の特徴がわかれば、爆買いさせる戦略も立ちやすくなるだろう。

・一人っ子の特徴

よく知られているように、中国では、一九七九年から「人口計画生育政策」が実施されてきた。俗に言う「一人っ子政策」である。子どもは一人しか産めず、その貴重な子どもを「小皇帝」「小公主」のように溺愛する両親と祖父母が大勢現れた。現在、一人っ子政策の下で生まれた人口は、すでに四億にも達している。一人っ子世代の「八〇後（バーリン ホウ／一九八〇年代生まれ）」と「九〇後（ジョウリン ホウ／一九九〇年代生まれ）」が、消費の主役となっている。特に「八〇後」は結婚適齢期世代であり、子持ち世代でもある。

日本にも晩婚少子化の影響なのか、「目に入れても痛くない」とわが子をかわいがる親がたくさんいる。一方、中国では都市部で一人しか産めず、希少価値と化したわが子を溺愛する親と祖父母の養育方法が、大きな社会問題となっている。子どもに少しでも怪我も嫌な思いもさせないという、その溺愛ぶりは、「捧在手里怕摔了（ポン ザイ ショウ リー パー シュアイ ラー）、含在嘴里怕化了（ハン ザイ ズイ リー パー ファ ラー。／両手の上に乗せたら乗せたで落とすのが怖いし、口の中に入れたら入れたで溶かすのが怖い）」と揶揄される。

両親や祖父母からの愛情を一身に受け、大事に大事に育てられた一人っ子は、自己中心的で、協調性に乏しい性格を有している。そして、一人っ子の男性は、何よりまず面子を重んじ、自信過剰で、マザコンが多いと言われる。女性は性格がきつく、ワガママで、見栄っ張りと言われている。そのため、一人っ子は「最も利己的な世代」「最も反逆する世代」「世間も知らずに最も期待できない世代」と言われるように、上の世代から厳しい評価を受けている。

一人っ子は、親と祖父母の愛情を一身に受けて育てられたと同時に、彼らの過剰な期待も一身に背負っている。子どもが少ない分、親は子どもの教育に際限なく時間やお金をかける。一九九九年に中国政府による大学の改革策が実施され、彼らの大学への進学時期と重なって、大学進学率が一気に上がった。そのため、一人っ子世代の教育レベルは高く、大卒者の数が急速に増えた。しかし、大卒という学歴の市場価値が下がり、就職難や生存競争がいっそう激しさを増している。

・一人っ子世代の消費スタイル

「八〇後」の成長の歴史は、中国経済の持続的な成長の歴史でもある。彼らの生活環境や成長過程は、親の世代とは比べものにならないほど、経済的に恵まれている。彼らは、幼少期に「鉄腕アトム」「ドラえもん」「クレヨンしんちゃん」などのテレビ番組や音楽に親しんできた。そして、少年期には、世界的に有名なブランドであるコカ・コーラ、ナイキ、パナソニックなどの商品も身近な存在であった。また、青年期には、インターネットの普及と共に、さまざまな情報ツールに精通している。

また「八〇後」世代は教育レベルが高いため、ホワイトカラーが多い。中国の人件費の高騰とともに、彼らの所得水準も急速に上昇している。そして、中国のインターネットの普及に恩恵を受けた最初の世代で、情報収集に熱心な世代でもある。携帯電話の普及を受けて、ネット通販にも気楽にアクセスできるようになり、ネット通販での消費額はどんどん増えてきた。彼らはクレジットカードを複数枚所有し、先進的な消費スタイルを身に付けている。

こうした一人っ子世代の消費スタイルを表現する新語が、「月光族（ユエ グアン ズー）」である。これは、毎月の収入をすべてその月に使い切るという意味である。この「月光族」のライフスタイルは中国の若い世代に広まり、特に大都市部ではその傾向がいっそう顕著である。例えば「広州青年発展報告（二〇一五）」によれば、広州市の一人っ子世代の約四分の一が「月光族」であり、北京市や上海市の状況も広州市と似ている。所得以上の消費をしたことで、給料日直前に親から小遣いをもらう人間も多い。

彼らは情感豊かで自信に満ちた浪費家である一方、価格に敏感で、価格が高めの実店舗での消費を控える傾向が見られる。その代わりに、情報収集に時間を費やし、ネットの価格の比較サイトを利用し、格安のネット通販や団体購入割引のある「団購（トアン ゴウ）」で、積極的に消費する。一人っ子世代の半分以上が、実店舗よりもネットショッピングを好む傾向が見られる。

「八〇後」と「九〇後」の消費の特徴は若干異なるが、両者とも基本的には消費欲が強く、流行に敏感で、高級志向で、自己快楽型である。自己中心的で、自信にあふれ、負けず嫌いという一人っ子特有の消費行動に適合したマーケティング戦略で攻略すれば、大きな成果が期待できるだろう。一人っ子世代を攻略することは、中国市場の最大のボリュームゾーンを攻略することにもつながる。

・「八〇後」の出産と育児

親の世代よりも経済的に恵まれた「八〇後」の多くは、子育て世代である。かつての「小皇帝」「小公主」の子どもは、「小小皇帝」「小小公主」と呼ばれるようになっている。それらの世代は、基本的に一人っ子同士の結婚で、夫婦揃って、それぞれの家族から潤沢な資金援助をもらえる。

モノや情報に囲まれて育った都市部の豊かな「八〇後」の感覚は、同世代の日本人とあまり変わらない。しかも「八〇後」は、消費欲が旺盛で、ブランド品の購買欲は、日本の同世代を上回っている。また溺愛され、甘やかされて育った「八〇後」は、自分が親となってからも、両親に金銭的な支援を求める場合が多い。

中国人は、もともと「孩奴（ガイヌ／子どもの奴隷）」と言われるように、出産、育児に多くのお金を費やす。「八〇後」の出産と育児は旺盛な消費欲求に支えられ、上の世代よりも大金をつぎ込む傾向が強い。新米ママは、ベビー用品にもお金を惜しまず、安心安全にこだわる。しかし、甘やかされた「八〇後」は、性別に関係なく、家事が苦手である。そこで、多くの人は自分で育児をせず、子どもを両親や専門のベビーシッターに託す。

こうして、精神的にも体力的にも余裕をもつ彼らは、育児関連の情報を熱心に収集する。そこで人気を集めているのが、高品質の代名詞となっている日本製の商品である。ニセモノが氾濫している中国では、現地で販売されている日本メーカーの商品すらも信用できず、日本国内で実際に販売されているものだけを信用する傾向が極めて強いのだ。

今現在、子どもを持つ「八〇後」は、自分の親たちがかつて自分へ投資したのと同様に、子どもの教育に惜しまずお金を注ぐ。富裕層だけでなく、中間所得層の家庭が、背伸びをしてでも家庭教師を雇うか、あるいは学習塾や習いごとに通わせる動きが広がっている。このブームは大都市に留まらず、地方都市にも波及しており、関連ビジネスに追い風が吹いている。例えば、日本の公文式教育やヤマハ音楽教室が、北京や上海では人気が高まっている。

・中国人が日本産のオムツを爆買いする訳

日本では、新生児の数が減り続け、その数は年間一〇〇万人ぐらいになった。出産、育児関連の市場規模が縮小の一途をたどっている。一方中国では、年間一六〇〇万人の新生児が生まれ、関連の市場規模が大きく、成長率の高い分野である。また、二〇一五年一〇月、中国政府は一人っ子政策を廃止し、夫婦が子どもを二人持てるようにすると発表した。これまでも、日本の出産、育児関連商品は、安全・安心な品質により中国国内においてシェアを高めてきた。訪日中国人観光客の増加により、出産、育児関連商品の知名度がさらにアップしている。

観光庁の「訪日外国人消費動向調査」によると、二〇一四年訪日中国人観光客の一人当たりの買い物代は一二万七四四三円で、訪日外国人平均の五万三二七八円の約二・四倍にも達した。なかでも、育児関連の支出が大きな割合を占めた。

「八〇後」の子育て世代であれば、訪日中に、確実に日本産のオムツ、粉ミルク、スキンケア、おもちゃ、ファッションなどの育児関連の商品を爆買いする。「八〇後」世代には、子どものためなら出費を惜しまない家庭が、どんどん増えている。特に、子育てで欠かせないオムツや粉ミルクにこだわる親が多く、高品質の日本産の需要が日々高まっている。こうして「八〇後」は、日本人の生活にも影響を与えたオムツの爆買いに走っている。

需要の高まりを受けて、日本中でオムツを買いあさる「買い子」という珍商売さえも生まれた。ブローカーが「買い子」からその商品の約一・二五倍の価格で買い取って、船で中国に輸送する新しいビジネスが成り立っている。その後、中国で日本の二倍以上の値段で売られているにもかかわらず、品薄状態が続いている。中国で高まる需要と観光客の爆買いに対して、日本でもオムツの品薄状態が続いている。

中国で販売されているメリーズ

この写真は二〇一五年七月、中国アモイ市のスーパーで撮影した。単価は各一八〇元で、日本円で約三四二〇円（一元＝一九円で計算）。同時期の日本のディスカウントストアでの販売額は約一七〇〇円であった。

中国人の爆買いを防ぐために「一回一つだけ」と購入制限を設けている小売店が実に多い。この購入制限が、中国人観光客の反感を買い、時間を惜しまずいくつかの小売店を買い回る観光客も多い。

オムツは体積が大きいため、もともと旅行の持ち運びに適しない。それにもかかわらず、大きな段ボールに入れて持ち帰る中国人観光客は後を絶たない。中国人の旺盛な需要に対して、日本の小売店で取られている購入制限の対策は、日本製のオムツの付加価値をさらに高め、逆に消費者の購買意欲を煽る結果となっている。

実際には、一番人気の花王の「メリーズ」は、二〇〇九年には中国に輸出を開始し、一三年からは現地生産も始めた。しかし、日本メーカーの現地工場で生産されたメリーズは、中国人から見れば「中国産」であり、その品質は日本産に比べて劣ると考えてしまう。そもそも、中国では「日本製の商品に対して、一級品は日本国内で消費、二級品は欧米に輸出、三級品は中国人に」と勝手に解釈する人間が非常に多い。日本で販売されている日本製の商品は、品質が最高だと思い込み、日本国内でオムツを含む日本製の商品を爆買いするのだ。

おもてなしポイント

・マネキンを活用

一人っ子世代は本物志向が強く、日本人が普段日常的に購入している「日本製」の商品に魅力を感じる。また、付加価値やお得感の高いものに、惹かれる傾向が強い。そこで、一人っ子世代に爆買いさせ、リピーターを生み出すためには、小売店頭の販売促進策に力を入れ、体験型旅行プランを充実させる方法が有効だと思う。

専門店や百貨店の専用コーナーに、日本製の専用コーナーを設けて、中国人観光客にアピールすることを提案したい。例えば、髪飾りからバッグ、靴にいたるまで、ファッションをトータルで提案しよう。かわいい形、おしゃれな形、かっこいい形などのスタイルに分け、通学用、普段用、行事用、室内用などに細分化し、それらの服をマネキンに着せてできる限り多く展示しよう。

また、それらのマネキンに服の特徴や用途などについて、それぞれ写真と中国語付きのボードを添えて説明し、見やすく買いやすくする。また、マネキンの商品に興味を示した顧客に対して、カタログやｉＰａｄを用いて、中国語で書かれた商品説明書を見せる。これで、コミュニケーションを取らなくても、トータルで商品の提案ができる。

また、日本は知育玩具の種類が多く、フィギュアの品質も高く、子どものおもちゃは大人も遊びたくなるといった理由で、おもちゃ関連用品も人気が高い。おもちゃ専門店では、観光客専用のコーナーを設けよう。例えば、日本での売れ筋商品ランキングのコーナーを設置し、商品ごとに中国語で簡単に説明したステッカーを貼って、ｉＰａｄでそれらの商品情報を映像で展開する。

「日本製」「日本国内限定販売」「観光客に大人気」などの、一人っ子世代が弱いキャッチコピーを加えれば、購買決定に直接影響を与えることができるだろう。日本で売れているなら、きっと中国人にも人気が出る。しかも、他の中国人にまだ認知されていなければ、その商品の付加価値がいっそう高められ、帰国後に友人に自慢できると思わせる販売促進の演出が重要である。

・体験型プランの提案

さらに、中国人観光客の誘致策として「八〇後」の消費行動に合わせて、子どもと一緒に家族全員が楽しめる体験型の観光プランを充実すべきだと思う。彼らの海外旅行の最大の目的は子どもの視野を広げることで、いち早く外国の文化に触れさせ、体験させることである。

特に、夏休みや冬休みを利用した、家族で楽しめる海外旅行のスタイルが定着している。しかし、中国人に人気の高いアニメ関連の施設の見学やショッピングのみに集中する今の観光プランは、彼らのニーズに十分に対応しきれていない。

ＧＭＯリサーチは、二〇一五年三月末までの五日間に、過去三年以内に訪日旅行経験のある男女五五二人、訪日旅行経験はないが今後三年以内に訪日予定のある男女五四〇人、計一〇九二人に対してインターネット調査を実施した。

図1　次回訪日の際に日本でしたいこと

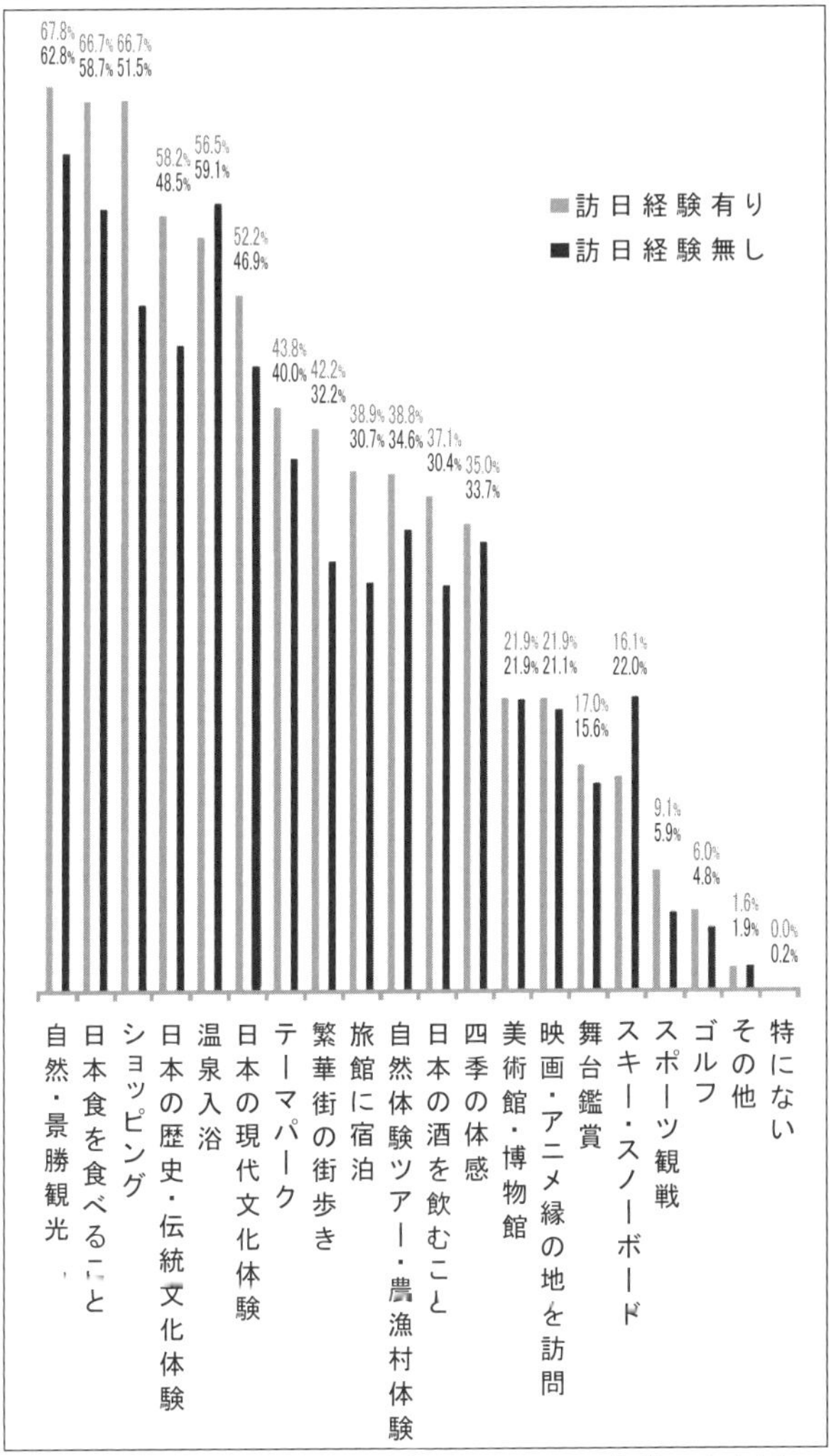

注：過去３年以内の訪日経験者 N＝ 552、今後 3年以内の訪日予定者 N＝540、複数回答である。
出典：「GMOリサーチ・訪日中国人の消費行動調査」

その「訪日中国人の消費行動調査」によると、「次回訪日の際に日本でしたいこと」の問いに対して、「日本の歴史・伝統文化の体験」「日本の現代文化の体験」「自然体験ツアー・農漁村体験」「四季の体感」と答えた人の比率が実に高く、体験型の観光プランに対する関心が高いことがうかがえる。

そこで、四季の変化が鮮明な日本ならではの、体験型の観光プランを充実させることが考えられる。例えば、田舎の民宿で日本独自の年末・年始の行事を体験するプラン、桜・紅葉まつりプラン、お茶摘み・抹茶体験プラン、イチゴやメロン狩り体験プラン、浴衣で盆踊り・花火体験プラン、神社見学・祭り行事参加体験プランなどである。また、夏休みや冬休みに、日本でも人気が高い工場見学プランを多種多様に用意すれば、行動力の高い彼らはきっと興味を示し、日本旅行のリピーターへと誘導することができるだろう。

14　中国人は美肌に走る

中国では、化粧品の市場規模が拡大し続けている。都市部の二〇歳以上の職業を持つ女性は一億人以上になり、二〇二〇年には三億人を超える見通しである。おしゃれに目覚める都市部の若い女性が多く、給料の四分の一をファッションや化粧品などにつぎ込む女性も大勢いる。日本女性に比べ、中国人女性は特にスキンケアにこだわる。その点を理解すれば、爆買いを誘う方策が見えてくるだろう。

・中国の女性は強い

中国の女性は強いとのイメージが、すっかり日本で定着しているようだ。確かに、日本人女性の化粧やファッションのセンスでは中国人女性は負けているが、気の強さだけは、日本人女性に勝っていると思う。気が強いと思われている理由はいくつかある。その一つは、中国語の言語的な特徴と関係している。すでに述べたように、中国語のしゃべり方として、口形の変化が激しく、発音の有気音と抑揚が多く、声も大きい。

また、国民性とも関係している。喜怒哀楽が激しく、ストレートな性格で、物ごとをハッキリ言うし、自己主張が強く、大きな声で激しく反論もする。日本では、控えめに慎ましく立ち振る舞うのが女性の美徳とされる。しかし、中国では、自分の考え方を隠さずに率直に言う方がよいと評価される風潮がある。

気の強い女性が多いことは、かつての指導者、毛沢東の提唱とも関係している。中国建国直後に、経済を発展させるために多くの労働力を必要としていた。そこで、毛沢東は「女性は天の半分を支える」という男女平等の有名なスローガンを唱え、女性の社会進出を強く推し進めてきた。

その後、ほとんどの女性は仕事を持ち、夫婦共働きが当たり前となった。「専業主婦」は、経済的に自立しない女性として軽蔑されるようになった。経済的に自立した女性になるという考え方は、子どもの頃から形成される。男女平等の下では、学校でも、職場でも男性と激しく競争し、男性よりも努力する強い女性が輩出されてきた。

八〇年代以降には、男女平等を超えて、女性優位の風潮さえ生まれた。それは、一人っ子政策の弊害により、男女比のアンバランスが、結婚や家庭内の女性の地位をさらに向上させたからである。出生人口の男女の比率は世界平均で女児一〇〇人に対し、男児は一〇三人から一〇七人である。しかし、中国では、一九八〇年から二〇一四年までの出生人口の平均性別の比率は、一〇〇人対一一五人であった。

男尊女卑の伝統的な考え方があり、厚生年金制度も不完全な中国では、自分の老後を子どもに託そうと考える父母が驚くほど多い。そこで、禁止されているはずの胎児の性別鑑定が行われ、女児とわかった時点で妊娠中絶が実行され、望まれない女児が人為的に減らされてきた。

こうして、結婚に関しては圧倒的に女性の売り手市場となり、女性が結婚相手に求める条件も当然高くなっている。「結婚していただいた」という立場に置かれた男性は、仕事でも高い稼ぎを求められ、家事や育児にも全面的に協力することが強く要求されている。一家の大黒柱とは言えず、恐妻家にならざるを得ない「ご主人様」は、家庭支出の決定権をほとんど妻に握られてしまうのだ。

世界経済フォーラムの「二〇一四年の男女平等度ランキング調査」によると、日本のランキングは一四二カ国中一〇四位と、先進諸国のなかでは最低水準、中国は八七位であった。強くたくましい中国人女性は、あらゆる職種で活躍している。キャリアウーマン志向が強く、社長や管理職における女性比率は日本よりはるかに高い。

しかし、上昇志向が強い中国人女性は、仕事と家事を両立させるため、体力的にも精神的にもゆとりを持たず、疲れ果てている人がかなり多い。強い女性は、強くならざるを得ないという、辛い中国社会の厳しい現実でもある。そこで、自分へのごほうびやストレスの解消のために、化粧品やファッションに躊躇なく大金を注ぎ込む女性が大勢生まれた。

・日系ファッション誌が人気

アジアのファッションリーダーと言えば、日本人女性が一貫してその座についている。そのハイセンスは中国人女性の憧れであり、真似する対象でもある。主なお手本は、日系ファッション誌である。中国のファッション誌は、欧米系と日系の二つに大きく分けられ、海外のライセンスマガジンである。

特に都市部の女性に大人気なのが、日系ファッション誌である。日系誌は、基本的に、一部日本語版同様の内容と、中国で独自に製作するものの二つで構成される。翻訳や製作のスピードが速いため、日本の最新のファッション事情に素早く触れられるのも人気の理由である。情報収集はネットやスマホに依存し、書籍離れが激しい中国でも、多くの女性は日系ファッション誌を定期的に購読している。

日系ファッション誌は、特に大都市部の女性に絶大な人気を誇っている。服飾では、デザインは可愛いく、おしゃれで、クオリティーが高い。中国人が弱いＴＰＯを強調し、トレンドを上手く取り入れ実用的で、お手本にしやすく、着こなせることが、女性の共感を得ている。

また、化粧についてはジャパニーズビューティーに基づく、スキンケア、美白、保湿、ベースメイク、メーキャップなどに関する基礎知識の紹介、各種の美容情報や日本の化粧品売れ筋ランキングのコーナーも充実している。こうして日系ファッション誌は、おしゃれな女性の着こなしの教科書といった存在である。

・中国人女性の化粧事情

日本では、公共の場で、素顔のままで化粧をしていない女性を見つけることはかなり難しい。場所を問わず、公衆の前でも平気で化粧する女性も多い。例えば、バスや電車の中で立ったままでベースメイクからメーキャップまで仕上げるし、食事のテーブルで化粧直ししたり、授業中に化粧する若い女性も頻繁に見かける。最近では、小中学生も化粧する生徒が増えているようだ。

中国では、日本とはまったく正反対で、地方都市では化粧をしている女性を探すことは簡単ではない。大半の中国人女性は、特別な行事がない限り、日常的にはあまり化粧しないのだ。化粧をしない理由として「面倒くさい」「化粧は肌によくない」「メーキャップのやり方がわからない」が最も多い。しかし、世界的に有名な化粧品メーカーが続々と中国に進出したことを受けて、大都市の若い女性は化粧するようになった。

そもそも、化粧品は皮膚に直接長時間接触するため、商品の成分が利用者の体質に合わなければ、皮膚のかぶれや肌荒れなどのダメージが大きい。「化粧は肌によくない」との固定観念にとらわれている中国の女性にとって、欧米の化粧品よりも日本の化粧品は、中国人の肌質に合っているようだ。日本の化粧品は、アジア人特有の肌質に適合する製品開発を行っており、きめ細やかで、肌に優しいといったことから、女性の絶大な支持を得ている。

中国における化粧文化の定着や普及には、資生堂の役割がかなり大きい。資生堂は、一九八一年から中国でのビジネスを展開し、得意のプロモーション戦略やチャンネル別ブランドマーケティング戦略を実施している。

また、資生堂は日本の美容部員を中国全土の契約化粧品店へ派遣し、従業員に化粧の基礎知識や接客などを詳しく教え、化粧品の使用と販売のノウハウを中国に伝播してきた。資生堂の地道な努力により、中国人女性の憧れのブランドとなっている。その後、化粧人口の増加とともに、資生堂を先頭にカネボウ、コーセー、メナード、ファンケルなどの日系化粧品メーカーの人気がいっそう高まってきた。

・化粧品の嗜好

化粧品は、基本的にスキンケアを目的とする基礎化粧品と、メイクをするためのメーキャップ化粧品の二種類に分けられる。日本人女性は、スキンケアからメーキャップまでの化粧品をトータルに使い、丁寧に美しく仕上げる。

これに対して、中国人女性は特にスキンケアにこだわり、しっとり肌や美白を保つ基礎化粧品をこよなく愛用する。しかし、メーキャップ化粧品は肌によくないとか、やり方がわからないとの理由で、まったく使わない女性が驚くほど多い。

ジェトロの二〇一二年の「中国化粧品市場調査報告書」によると、二〇一〇年の中国のスキンケア化粧品の売上は全体の五六％で、メーキャップ化粧品は一三％にすぎなかった。また、北京中怡康時代市場研究有限公司は、二〇一五年一月から三月までの三八都市の百貨店における化粧品販売動向を発表した。

それによると、スキンケア化粧品の売上は八〇％に達し、そのうちフェイスパックは三〇％を占めた。一方、メーキャップ化粧品の売上は、全体の二〇％に留まるものの、前期より一一・四％増え、そのうちファンデーションの比率は五一％であった。

これらのデータからもわかるように、中国人女性はスキンケア化粧品にこだわるという特徴をもち、メーキャップ化粧品に対する抵抗感がいまだに存在している。しかし、いくら高級ブランドのバッグを持ち、有名ブランドのファッションを身にまとっても、中途半端な化粧では、センスのある美人には到底なれない。少し時間がかかるが、メーキャップまでする女性が確実に増えていくだろう。

・日本製の化粧品を爆買いする

中国人は「日本製」のブランドに対する信仰心が一貫して強い。中国人のブランドに対する考え方は、日本人とかなり異なる。中国人のブランドに対する固執は、日本人をはるかに上回っている。日本人は、ブランドを「高品質」「安心感」といった基準で捉えている。しかし、中国人は「誇示」「ステータス」などの基準で価値を判断する。そのため、商品自体の機能や価値よりも、ブランドだから買いたくなるし、ブランドのロゴが一目でわかるようなデザインのものが特に売れる。

一般的に中国国内での日本製の化粧品の販売価格は、日本の二倍以上になっている。その要因は、極めて高い輸入関税や小売店の非常に高い経営コストを商品の価格に転嫁したためである。これに加えて、目先の利益だけを追求する業者が多く、ニセモノが大量に出回っている。そこで、観光客は、近場の日本で、中国より格段に安く、確実に本物の日本製の商品を安心して爆買いしたくなるのだ。

「訪日外国人の消費動向」によると、二〇一四年中国人による「化粧品・香水」の平均購入金額は三万七三一五円で、訪日外国人の二万二三一二円より一万五〇〇三円も多かった。そして、二〇一五年一二月末までには、その購入金額がさらに増えたそうだ。爆買いした化粧品の購入用途では、自分用、親戚や友人からの依頼用、お土産用の三つに分かれ、自分用に購入した割合は、それほど高くないようだ。

二〇一四年の訪日中国人観光客の女性の比率は五〇・五%で、化粧品を爆買いする主役は、もちろん消費リーダーの一人っ子世代の女性である。中国人は、具体的にどのような化粧品を爆買いしたのか。株式会社アンテリオの「春節訪日中国人旅行者のヘルスケア関連商品購買実態調査」(二〇一四年一二月〜二〇一五年三月に日本を訪問した上海・北京・広州の二〇〜四九歳の一般男女六〇〇人を対象に調査)によると、訪日中に購入したヘルスケア商品で最も多いのは、「スキンケア化粧品」(八二・〇%)で、二位「メーキャップ化粧品」(七八・五%)、三位健康関連商品(七二・〇%)であった。

この調査結果からもわかるように、スキンケアとメーキャップ化粧品の比率の開きはそれほど大きくないが、購入の品目数や金額には大きな差があった。すなわち、スキンケア化粧品を中心に爆買いすることがわかる。そして、スキンケア化粧品のうち、化粧水とフェイスパックの購入率と金額が驚くほど高い。メーキャップ化粧品は、ファンデーションと口紅の購入率が圧倒的に高かった。

おもてなしポイント

・セット販売にする

化粧品は、女性に夢と自信を与える魔法の一つである。しかし、中国人女性特有のスキンケア化粧品に対するこだわりは、化粧品本来の目的を果たせていない。そもそも、スキンケア化粧品は、お肌に潤いを与え、土台を整えて、メーキャップ化粧品のノリをよくすることが最大の目的である。

一方、メーキャップ化粧品は、肌をキレイに見せ、女性の美しさを際立たせてくれる。例えばシワやシミなどを隠し、肌のきめを美しく見せたり、目元を大きく表現したり、唇をぷるんとした質感にして妖艶な口元を演出するには、メーキャップ化粧品なしでは当然できない。さらに、メーキャップ化粧品は心理的役割も持つ。化粧することによって、女性自身に活力や自信を生み出し、変身願望を実現させるなどの心理的な効果がある。

せっかく高品質の日本製の化粧品を信頼しているので、何とかスキンケア化粧品もメーキャップ化粧品も両方使いこなせるようにして、美人度をアップさせたいところである。そこで、いくつかの方策を提案したい。一つ目には、セット販売である。ひと言で化粧品といっても、商品の種類は多岐にわたる。

スキンケア化粧品だけでも、メイク落とし、洗顔料、化粧水、マスクパック、収れん化粧水、美容液、クリーム（日中・夜用）、日焼け止めなどがある。小売店でスキンケア化粧品を全部揃えるなら、時間が結構かかる。

そこで、売れ筋のスキンケア化粧品とメーキャップ化粧品を、二つに分けてセットで販売する。百貨店ならメーカーごと、ドラッグストアなら異なるメーカーのものをセットで販売する。セットといっても、ただもともとの化粧品を透明のケースに入れるだけのものので、コストはほとんどかからない。

透明のケースであるため、どの商品が入っているのかが一目瞭然で、安心して買いやすくなる。そして、化粧品の使用順を間違えないように、ケースの裏に使用順の番号も付け、簡単な効用と使い方を明記すれば、使用しやすくなるだろう。

中国人観光客は、日本製の化粧品を上司、管理部門、取引関係者などに、公費でプレゼントすることが非常に多い。セット販売であるため、見栄えがよく、もし豪華にラッピングされていたら、プレゼント品としてさらに爆買いされるはずである。

もちろん、ケースから化粧品を簡単に取り出しても、それぞれの化粧品として親戚や友人らにプレゼントができるし、出費を低く抑えたい観光客に重宝されるだろう。また、セットで簡単に買えるので、観光客にとっては購入時間の節約になるし、店員とのやり取りも少なくて済む。さらに小売店は、接客やレジの待ち時間を短縮させるという効果も得られる。

・メーキャップ化粧品の販売に力を入れる

二つ目には、メーキャップ化粧品を買いやすい環境を創出することである。すでに述べたように、メーキャップの必要性を感じず、使用方法がわからない中国人女性が多い。そこで、小売店頭での販売促進が重要である。メーキャップの必要性を感じさせるためには、比較作戦が効果的であろう。

例えば、同一人物がメーキャップで変化する様子の写真を小売店で掲示してみよう。すなわち、最初にすっぴん顔、次にスキンケアをした顔、最後にメーキャップまで美しく仕上げた顔のポスターを、中国人観光客が集まる小売店で多く掲示する。メーキャップ化粧品の威力がビジュアル的で、中国人に刺激を与え、購入を促進させる。また、店内の液晶モニターで、メーキャップのセット商品を順番に使った化粧法の映像を繰り返し流す。さらに、観光客が集中する時間帯に、メーキャップの実演も実施しよう。

また、メーキャップ化粧品の購買欲を高めるには、化粧品メーカーがメーキャップのやり方の動画を、ＹｏｕＴｕｂｅの公式チャンネルで公開することも考えられる。例えば、美容部員が自分の化粧法や裏技テクニックを「簡単・時短メイク術」の動画を使って公開し、中国人にまねさせる。この方法は、メーキャップ化粧術の普及と技の向上に役立つし、コストもほとんどかからず、メーカーの指名買いの促進にもつながるだろう。

さらに、メーキャップ化粧を普及させるには、ホテルでの実演ショーの開催も考えられる。日本の小売店の閉店時間は、中国よりも早いため、買い物したくてもできず、不満を持つ中国人女性もかなり多い。

そこで、小売店の閉店時間後に、中国人が大勢宿泊するホテルで、中国語ができる美容部員による化粧品講座を開設し、スキンケア化粧品の知識を簡単に説明し、メーキャップ化粧品の役割と使用法を中心に詳しく解説する。実演や質疑応答の時間も設けて、参加しやすくする。

そして、実演ショーの最後に、中国人に人気の高い化粧品を販売したり、景品や割引のクーポン付きの小売店のチラシを配布したりすることで、爆買いさせる効果が期待できるだろう。可能であれば、エステの体験コーナーも設けて、化粧品の特徴と利用法を一対一で丁寧に説明し、化粧法を習得させたところで、いち押しの化粧品をお勧めし、衝動買いしてもらうことも期待できる。

・まとめ買いにはごほうびを

三つ目には、まとめ買いのごほうび作戦である。中国では、まとめ買いする消費者に、値引きやおまけ付きとする商慣行が定着している。その商慣行に慣れた中国人は、日本ではお買い得感を得られにくい。そこで、金額割引が考えられる。例えば、まとめ買いをしたお客には割引をする。少しでも安く買いたい消費者心理が働くので、その金額に達するまで頑張って衝動買いするだろう。

また、おまけ付きも効果があると考えられる。おまけの商品は、できれば頻繁に使い、持ち運びしやすいものが歓迎される。リップクリーム、ハンドクリーム、保湿や除菌のポケットティッシュ、消毒できるアルコールタオル、美白のパックなどなら、中国人は喜んでもらうだろう。

四つ目は、クーポン券である。日本ではさまざまなクーポン券があり、○○円引クーポン券や○○％ＯＦＦクーポン券なら、観光客には使いやすいだろう。せっかくクーポン券をもらったので、使わない手はなく、観光客はいっそう衝動買いに走るだろう。

・配達サービスで便利に

五つ目は、配達サービスの提供である。爆買いする中国人は、日本各地でさまざまな商品を購入する。購入した商品を小売店からバス、ホテル、空港などに、転々と運ぶ必要がある。例えば、小売店では、一定金額を購入した観光客に対して、無料で空港の免税品引き渡しカウンターまで配達するサービスを提供すれば運ぶ心配がなくなるので、いっそう爆買いしやすくなるのだ。また、爆買いした「戦利品」が手元にないので、買いすぎの「罪悪感」が薄くなり、さらに爆買いに走るだろう。

15 中国人は薬を買いまくる

中国では、所得向上による健康意識の高まり、国民健康保険制度の普及といった要因から、医薬品市場が急成長している。近年、医療機関を利用せず、風邪や咳などの軽度の疾病であれば市販薬を購入し、服用するというセルフメディケーションの意識が高まっている。それを受けて、市販薬に対する消費者のニーズが高まっている。しかし、中国の市販薬の種類、効用、価格に不満を抱く多くの消費者は、日本の市販薬の爆買いに走っている。

・中国の医療保険制度の実態

日本の公的医療保険制度は、国民皆保険である。加入者であれば、いつでもどこでも所得に見合った費用で、良質な医療を受けることができる。その制度は、世界保健機関（WHO）からも高く評価された。一方、中国の公的医療保険制度は、地域ごとに運営されており、その仕組みは複雑で、利用しにくい。保険には都市部の従業者向け、都市部の非従業者向け、農村戸籍者向けの三つの種類がある。都市部の従業者向けは強制加入で、他の二つは任意加入である。

医療費の自己負担率は、外来・入院、病気の種類、支払いの金額、病院のランク、居住地などによって異なり、細かい規定により算出される。保険料は定額で若干低く設定されているものの、入院や重病の治療になると自己負担率が極めて高額になる。

近年、中国の医薬品市場は、年率二〇％以上のペースで急成長し、二〇一三年日本を上回り、世界第二位の医薬品市場になった。中国の医薬品市場は、規模だけではなく収益性にも優れており、「爆利」産業とも言われるほどであるため、医薬品の価格は毎年上昇し続けている。

過剰診療による医療費の高騰と行きすぎた市場化による個人負担の増加が、国民の大きな負担になっている。「看病難、看病貴（カンビンナン、カンビングゥイ。／診療を受けるのが難しく、受けられても医療費が高い）」と言われ、社会問題と化している。

・健康意識が高い

日本人が中国へ旅行に行くと必ず驚くのは、高齢者の活発な姿である。朝から晩までほぼ一日中街の公園や広場には、大勢の高齢者が集まり、ダンス、太極拳、体操、将棋、麻雀、合唱、カラオケなどを行って、アクティブに活動している。中国の高齢者は、高額な医療費を少しでも避けたい一心で、健康づくりのため日々積極的に活動に励んでいるのだ。

中国も日本と同じように、高齢者問題は大きな社会問題の一つである。二〇一四年の六〇歳以上の人口はすでに二億一二〇〇万人以上に達し、人口の一五・五％を占めた。都市部の高齢者の多くは、基本的に年金をもらって自立した生活を送っているが、物価の上昇率が高い中国では、わずかな年金でやり繰りする高齢者も多い。

高騰し続けている医療費を恐れて、病気になっても病院に行かず、市販薬で我慢する人が非常に多い。しかも、市販薬の価格が高騰しており、ニセモノも多く出回っている。低価格で、高品質で安心、安全な市販薬や健康関連の商品に対する消費者ニーズが極めて高い。

高齢化社会では、負担が若い世代へのしかかることは日本と同じである。現在、中国の高齢化社会の特徴は「四二一社会」だと言われている。「一人の子どもと二人の夫婦、四人の老人」というのが典型的な家族構成である。夫婦は共働きで子どもは一人っ子であるため、そんな家庭には老人の面倒をみる者がいない、ということを意味する。現時点では、一人っ子世代の親たちの多くは、健康的な前期高齢者であるが、彼らが後期高齢者になれば、負担がいっそう重荷になるだろう。

・市販薬の購入場所

中国では、市販薬の購入先は、もともと国営の「薬局」であった。一九九〇年代半ばから一部の薬局がチェーンストアとして展開し始めた。その後、大手薬メーカーや他業種の新規参入が続き、全国的な薬チェーンストアも続々と誕生し、競争が激しくなっている。

そして、二〇一〇年ごろ、香港系、台湾系、日系などの小売企業や中国の大手スーパー各社が、新しい成長業態として「薬粧店（イヤオ ヂュゥアン ディィエン）」に本格的に参入してきた。「薬粧店」とは、日本のドラッグストアに近いタイプの小売店である。

日本のドラッグストアは、医薬品、化粧品、日用家庭用品、文房具、食品などの日用雑貨を取り扱っており、品揃えが豊富で価格が安い。しかし、中国の「薬粧店」は、発展の歴史が浅く、まだ普及の段階である。中国では、一貫して医薬品の販売規制が厳しく、新規参入しにくいことから「薬粧店」といっても、薬をまったく扱っていないところも珍しくない。

薬局から転身した「薬粧店」の品揃えは、医薬品に偏るし、化粧品専門店などから参入した「薬粧店」の多くは、化粧品や日用品などに偏る。しかも、薬なら専門知識は薬局より乏しく、化粧品なら専門店より品揃えが少ない「薬粧店」の中道半端な位置付けに、不満を抱いている多くの消費者にとって、市販薬の主な購入先は依然として薬局である。「薬粧店」は、気楽に買える魅力的な商品や高い価格に見合った商品はわずかで、パッケージのデザインも古臭く、飲みにくいものも多々ある。

・市販薬を爆買いする

訪日中国人観光客は、日本のカメラ、炊飯器、空気清浄機、ウォシュレットなどの耐久消費財を爆買いするとのイメージが日本人にすっかり定着しているようだ。しかし、最近では、爆買いの新定番商品は、市販薬や健康関連商品などの一般消費財となっている。

ここで、化粧品のところで触れた、株式会社アンテリオの「春節訪日中国人旅行者のヘルスケア関連商品購買実態調査」のデータをもう一度引用したい。その調査によると、訪日中国人旅行者が購入したヘルスケア関連カテゴリーは、「大人用のビタミン剤・健康食品・サプリメント」七二・七％（三位）、「赤ちゃん・子ども用の市販薬／医薬部外品など」五六・三％（五位）、「大人用の市販薬」五一・八％（六位）であった。

そして、購入のきっかけについて複数回答で聞いたところ、「口コミの情報」が八四・五％で最も多く、「ドラッグストアなどのお店での情報」が七七・七％で、「ガイドブック／情報誌などの情報」が六七・三％であった。

購入した「大人用の市販薬」の中身を、もう少し詳しく見てみよう。「目薬」「総合風邪薬」「皮膚用薬」が、特に大人気だ。それは、中国の全土に蔓延している深刻な大気汚染の影響によって、目、呼吸系や皮膚系などの患者数が増加の一途を辿っており、それらの薬を常備薬として備蓄するため、積極的に購入したからである。

そもそも、日本製の市販薬は服用量が事細かに指定され、使いやすいように細かい工夫が施されている。加えて、種類も極めて豊富で、効果も申し分なく、リーズナブルであれば、中国の市販薬に不安を感じている中国人観光客に人気なのもうなずける。

表６　訪日中に購入したヘルスケア商品（複数回答）n=600

順位	商品名	%
1	スキンケア化粧品	82.0
2	メイクアップ化粧品	78.5
3	大人用のビタミン剤・健康食品・サプリメント	72.7
4	チョコレート菓子	65.2
5	赤ちゃん・子ども用の市販薬 /医薬部外品など	56.3
6	大人用の市販薬	51.8
7	粉ミルク	48.2
8	足冷却シート	32.0
9	紙おむつ	31.8
10	歯磨き粉	28.3
11	歯ブラシ	27.8
12	その他	4.3

出典：株式会社アンテリオ「春節訪日中国人旅行者のヘルスケア関連商品購買実態調査」

・爆買いのための情報収集

よく知られているように、中国では、インターネットやSNSなどの情報が、政府によって厳しく管理されている。日本でおなじみの多くのウェブサービスは、中国国内では利用できない。その代わりに、中国独自のSNSが急速に成長した。

代表的なのは、「百度（バイドゥ）（中国版Google）」、「人人網（レンレンワン）（中国版Facebook）」、「微博（ウェイボ）（中国版Twitter）」、「微信（ウェイシン）（中国版LINE）」、「優酷（ユーク）（中国版YouTube）」である。中国のインターネット人口は、すでに六億以上に達し、それらのウェブサービスの利用人口も莫大である。

インターネットの普及により、消費者の購買行動に大きな変化が見られた。ネット時代の消費者購買プロセスモデルであるアイサス（ＡＩＳＡＳ）の法則が、電通によって新たに提唱された。アイサスの法則とは、消費者は商品の購入に際して、Attention（注意）→Interest（関心）→Search（検索）→Action（行動）→Share（意見共有）という五つのプロセスをたどる。訪日中国人観光客の爆買いのパターンは、このアイサスの法則からも説明できる。

中国人が旅行先を日本に選んだ理由の一つは、ショッピングである。訪日前、特に時間を費やすのは、買い物リストの作成だと言われている。普段すでに注意や関心のある商品について、口コミ情報をリサーチし、検索エンジンで調べた複数の情報を頼りに、訪日する前に買い物リストを作成する。来日後、観光客の多くは、その買い物リストに基づき商品を購入する。また、日本で新しく得た情報で買い物リストを変更したり、追加したりもする。

そして、情報の発信方法として、在日中にSNSやブログで旅行の感想や購入した商品の写真をアップし、帰国後に自慢いっぱいの感想を載せ、友人などと商品の情報をシェアする。こうして、SNSやブログで拡散されたこれらの口コミ情報は、日本旅行の予備軍にとって有益な情報として活用され、また新しい旅行者が生まれるという流れである。特に、一人っ子世代を中心に、SNSやブログでの口コミ情報の発信率が極めて高い。

おもてなしポイント

・買い物リストに商品を載せる

びっしりと詰め込んだ旅行スケジュールにもかかわらず、訪日中国人観光客が小売店での短い滞在時間でも爆買いをする背景には、中国国内での商品情報や口コミ情報を事前に収集・精査し、小売店でスマートフォンを駆使して目当ての商品に素早くたどり着くという効率的な購買行動がある。すなわち、中国人は情報収集と口コミ情報を重視し、訪日前にすでに買い物リストを作成するという特徴がある。

そもそも、中国からの観光客は、二月の春節、四月の桜シーズン、八月の夏休み、一〇月の国慶節に集中している。また、日本の百貨店を中心とする小売店の年間の二回の夏物と冬物のバーゲンに合わせて訪日する中国人も増えている。一部の富裕層では、週末を日本で過ごすことが静かなブームとなっているようだ。

訪日旅行の人気を受けて「日本旅行の定番購入商品ベスト三〇」「日本旅行で購入すべき化粧品リスト一〇」「市販薬購入リスト」といったタイトルの記事や口コミ情報が、インターネットやSNSなどにあふれている。

爆買いさせるには、まず買い物リストに、自社の製品をいかに載せられるかが大きな分水嶺になる。買い物リストは基本的に来日前に作成するので、訪日の時期に合わせて年間を通して中国国内での情報発信をすることが重要である。

情報発信の手段の一つとして、多くの日本企業は、マスプロモーション戦略を展開している。具体的には、テレビ番組のスポンサー、有名人のイメージキャラクター起用、大型イベントのスポンサー、ファッションコンテストやファッションショーの開催などである。マスプロモーション戦略の実施により、企業や製品の知名度が上がり、市場シェアの拡大が期待できる。

それと同時に、企業は口コミ情報の発信も重視すべきだ。ニセモノや詐欺が氾濫している中国では、多くの消費者は騙されないための自衛策として、いつも疑心暗鬼の心を持っている。ネットやスマホの全盛時代では、ニセ情報も氾濫している。消費者はさまざまな情報を求めると同時に、情報の信ぴょう性や出所なども見極めている。

そして、用心深い中国人は、企業の利害関係が生じにくい知人同士を経由し伝播される製品、サービス、企業の口コミ情報を比較的受け入れやすいのだ。買い物リストを作成す

図２　訪日中国人観光客の情報収集のパターンと情報発信

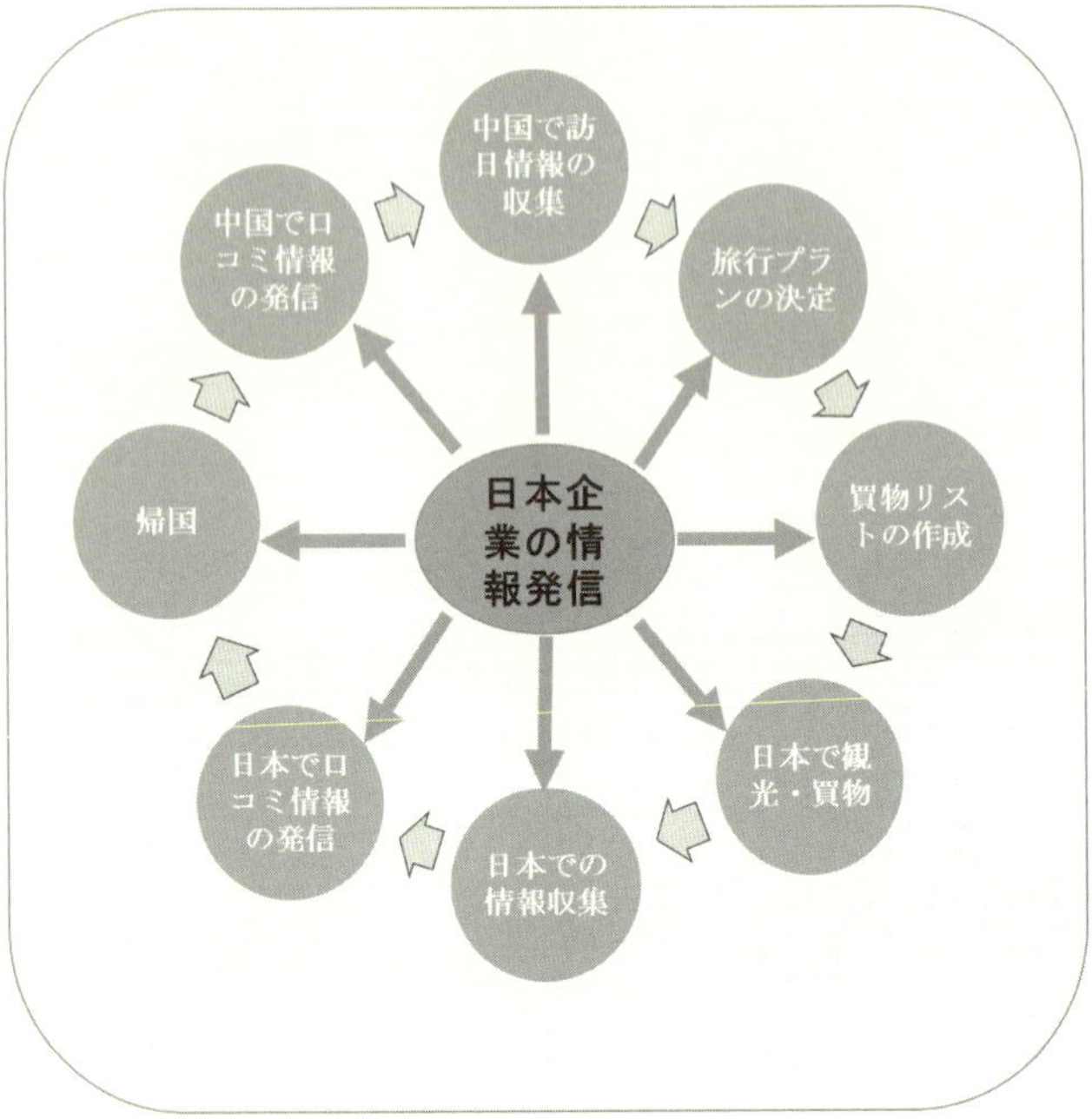

る前に、必要な情報を必要な時、必要な人に確実に届けることがいっそう重要である。

そこで、中国人向けのオフィシャルサイトの開設や中国の検索エンジンで、リスティング広告を積極的に行うべきである。また、人気のあるＳＮＳを活用して情報を配信し、口コミ情報を拡散させるといった仕掛けも重視すべきだ。さらに、中国の人口規模からも見える口コミ力と拡散力、そして情報が拡散された後のフォローアップのための仕組み作りも欠かせない。

・計画購買から非計画購買へ誘導

中国国内で拡散している日本関連の情報は、正しいものがほんの一部に過ぎず、間違ったものも結構多い。事前に作成された買い物リスト通りに商品を購入する観光客は、それほど多くないようだ。買い物リストの作成時だけではなく、買い物時の仕掛けも購買の促進につなげることができる。いわゆる計画購買と非計画購買の両方に異なる戦略を実施し、爆買いに誘導させることが重要である。

非計画購買とは購入計画のない商品を結果的に購入してしまうことで、衝動買いとも言う。消費者の一般消費財における非計画購買の比率は、六割から八割と言われている。また、滞在時間が長ければ長いほど、衝動買いの比率も高くなる。

衝動買いを導く方策は、小売店頭の販売促進策にある。とりあえず、観光客向けのＰＯＰ（購買時点広告）広告に力に入れるべきだと思う。ＰＯＰ広告は、小売店にとって、低コストで高い効果を得られる販促ツールで、購買時点での消費者の購買意欲を高め、購買決定に大きな役割を果たしている。また、ＰＯＰ広告はモノ言わぬセールスマンとも言われ、コミュニケーションを取りにくい外国人観光客に、商品の説明を補ってくれる最高の販促ツールでもある。

もちろん買い物リストの商品については、積極的に販売していく。それと同時に、中国人にはあまり知られていない日本の最新のトレンド情報も、小売店頭で積極的に発信しよう。「日本のOLに大人気」「ファッション通の女性に人気の商品ランキング」「中国人が購入する商品ベスト一〇」といったPOP広告を大量に発信する。

また、中国語のできる店員による商品紹介や提案を行い、限定品や特売品を増やし、クーポン券も積極的に配布する。さらに、客動線を長くするような売り場配置をしたり、付帯施設を充実させたり、滞留時間を長くさせたりする創意工夫も有効であろう。

市販薬や健康関連商品は、耐久消費財の家電製品とは異なり、使用頻度が高く、頻繁に購入する必要がある。衝動買いした商品を一過性に留まらせず、計画的で持続的に購入してもらえば、市場規模は確実に拡大していく。買いやすくするには、中国語の説明書が必要だろう。日本語も中国語も漢字が使われているが、同じ意味の漢字もあれば、異なるものも多い。日本語の説明書を理解できなければ、消費行動もより慎重にならざるを得ない。

そのため、市販薬や健康関連商品では、観光客に知られているものなら売れるし、日本で大人気のものであっても中国人に知られていなかったら、安心して買えないのだ。そこで、商品の説明書にできる限り、中国語の訳文を入れるべきである。

・中国語による接客の奨励

衝動買いさせるには、攻めのアプローチ法も効果を発揮するはずだ。中国人による接客が欠かせないが、簡単な中国語が話せる日本人の販売員も重要な戦力である。自国の言葉を話す人に親近感を抱くのは、万国共通の心理である。

流暢なセールストークよりも、たどたどしい中国語で一生懸命に説明する姿を応援したくなる消費者心理が働き、ついつい買ってしまう。そこで、販売員による中国語の接客用語のマスターを徹底的にやらせることや、語学学習の奨励制度を確立させることは、売り上げのアップに貢献するだろう。

・予約サイトを開設

また、ホームページに中国語で商品の予約サイトを開設するように提案したい。観光客は、夜間に商品の情報をじっくり吟味することができることで、店舗内で商品を探す手間が大幅に省かれる。そして、買い物時間に余裕が生じて、衝動買いに走らせやすくなる。

さらに、予約者に対して、サイト上でダウンロードできるクーポンを配布すれば、来店の際の衝動買いへの誘導もできる。結果として、買い物点数が増えて、客単価がアップするという好循環になる。

・業界と行政の連携

買い物は物欲が強い中国人観光客にとって、旅行の醍醐味の最大の要素である。中国人観光客をいっそう爆買いさせるために、メーカーによる商品情報の積極的な発信、小売業者の店舗づくりや免税手続きの簡素化、物流業者の迅速な配達体制の構築といった、企業ごとの取り組みが今後ますます重要になっていく。また、行政関連部分の後押し、業界や業態を越えた協力や連携によって、多様化する訪日中国人観光客のニーズに柔軟に応えるための創意工夫も、今後不可欠になりそうだ。

《参考文献》

髙井典子・赤堀浩一郎『訪日観光の教科書』(創成社・二〇一四年)
黄文雄『日本人はなぜ中国人、韓国人とこれほどまで違うのか』(徳間書店・二〇一二年)
デービッド・アトキンソン『新・観光立国論』(東洋経済新報社・二〇一五年)
中村好明『インバウンド戦略』(時事通信社・二〇一四年)
徐向東『爆買い中国人に売る方法』(日本経済新聞出版社・二〇一五年)
鈴木俊博『稼げる観光』(ポプラ新書・二〇一五年)
宮田将士「JB PRESS メイクよりも〝肌ケア〟に気合を入れる中国の女性」
http://jbpress.ismedia.jp/articles/-/44654
宮田将士「JB PRESS 中国人が本気で作る日本旅行〝お買い物リスト〟」
http://jbpress.ismedia.jp/articles/-/44084
http://www.recordchina.co.jp

●著者プロフィール

柯　麗華（か　れいか）

1989年中国北京師範大学短大卒業、厦門大学で勤務後、1994年に来日。2005年愛知大学大学院で博士号（経営学）を取得。愛知大学COE研究員を経て、2010年から静岡産業大学経営学部准教授。現在は同大学情報学部准教授。専門は流通論、マーケティング論。『現代中国の小売業－日本・アメリカとの比較研究』、『中国における日系企業の経営』等の著作がある。

静岡産業大学オオバケBOOKS
『爆買いを呼ぶおもてなし』

2015年12月22日 初版発行
著　　者／柯　麗華
イラスト・表紙デザイン／塚田雄太
編　　者／静岡産業大学
発　　行／静岡新聞社
〒422-8033 静岡市駿河区登呂3-1-1 ☎054-284-1666
印刷・製本／図書印刷
ISBN978-4-7838-2248-6 C0036